LES
SIX COUCHES

DE

MARIE DE MÉDICIS

Reine de France et de Navarre

RACONTÉES

Par Louise BOURGEOIS, dite BOURSIER

Sa sage-femme

Étude biographique, Notes & Éclaircissements

Par le docteur Achille CHEREAU

Orné de deux portraits gravés sur cuivre

PARIS

LIBRAIRIES :

LÉON WILLEM | PAUL DAFFIS
8, RUE DE VERNEUIL, 8 | 7, RUE GUÉNÉGAUD, 7

1875

COLLECTION DE DOCUMENTS

rares ou inédits

RELATIFS A L'HISTOIRE DE PARIS

~~~~~~~~~~~~~

LES

SIX COUCHES

DE

MARIE DE MÉDICIS

Imp Honore, Hautefeuille, Paris

LES

SIX COUCHES

DE

MARIE DE MÉDICIS

Reine de France et de Navarre

RACONTÉES

PAR Louise BOURGEOIS, dite BOURSIER

sa sage-femme

Étude biographique, Notes & Éclaircissements

Par le docteur Achille CHEREAU

Orné de deux portraits gravés sur cuivre

PARIS

LIBRAIRIES :

Léon WILLEM | Paul DAFFIS
8, RUE DE VERNEUIL, 8 | 7, RUE GUÉNÉGAUD, 7

1875

Imp. Monasse Maulquialla, 5 Paris

NOTICE

SUR

LOUISE BOURGEOIS

———————

D E temps en temps, l'on trouve à acheter, soit dans les ventes publiques, soit aux échoppes des bouquinistes de nos quais de Paris, un petit livre d'assez maigre apparence, d'habitude méchamment relié, et sur le dos duquel on lit : *Observations diverses.*

Ouvrons ce bouquin, il en vaut la peine.

On remarque d'abord le frontispice gravé, au milieu duquel on lit ceci :

Observations diuerses sur la stérilité, perte de fruict, fœcondité, accouchements

*et maladies des femmes et enfants nouueaux-
naiz. Amplement traictées par L. Bourgeois
dite Boursier, sage femme de la Roine.
Œuure vtil et nécessaire à toutes personnes.
Dédié à la Royne. A Paris, chez A. Saugrain, rue Saint-Jacques, à la Nef d'argent,
devant St.-Benoist,* 1609.

Le livre est encore enrichi de deux char-
mants portraits gravés par Pierre Firens et
par Thomas de Leu.

L'un représente la Reine Marie de Médicis
dans toute la splendeur de sa jeunesse et de sa
beauté.

L'autre donne l'image de l'auteur même,
de Louise Bourgeois, dite Boursier.

Les Observations diverses, qui sont précédées d'une dédicace à la Reine, d'un avis au
Lecteur, et, suivant l'usage du temps, d'une
foule de morceaux de poésies, à la Reine, à la
princesse de Conti, à madame de Montpensier,
à madame d'Elbeuf, à la duchesse de Sully, à
la marquise de Guercheville, etc., et aux
divers médecins de la Cour, comprennent cin-
quante chapitres : mélange singulier d'excel-
lents préceptes pour la pratique des accouchements et de formules bizarres enfantées par
l'ignorance et la superstition.

Le livre dont nous parlons a cent vingt et un feuillets, et se termine par une table des chapitres.

Il eut un grand succès.

En 1617, le même libraire A. Saugrain le rééditait.

En 1626, la veuve Thomas Doré, de Rouen, et Melchior Mondière, de Paris, le donnaient en même temps au public ; mais, cette fois, augmenté de deux nouvelles parties.

Puis, en 1651, 1652, et 1653, J. Dehoury et Henri Ruffin, tous deux libraires de Paris, mettaient encore en vente les *Observations diverses*, accompagnées de deux morceaux d'un grand intérêt. Nous voulons parler de l'*Instruction à ma fille*, que l'accoucheuse rédigea pour une de ses filles qui avait embrassé la même carrière qu'elle, et du *Récit véritable de la naissance des enfants de France*.

C'est ce *Récit* qu'à notre tour nous rééditons aujourd'hui, en l'accompagnant de notes et éclaircissements.

On y trouvera des qualités fort appréciables : la naïveté charmante d'un narrateur qui ne vise point à l'effet et qui raconte tout simplement, sans arrangement de phrases; l'exactitude rigoureuse des faits; des allusions piquantes touchant certains personnages qui tourbillonnaient autour du trône; et par-dessus tout on verra le roi Vert-Galant dans son ménage, en robe de chambre, pour ainsi dire, éprouvant tous les.sentiments qu'inspire la nature, s'y livrant ni plus ni moins qu'un bon bourgeois, et lançant çà et là ces réparties familières, ces *gausseries* qui ont tant contribué à sa popularité.

Le *Récit véritable de la Naissance des Enfants de France* n'a jamais été réimprimé in extenso. De La Place, dans ses *Pièces intéressantes et peu connues pour servir à l'Histoire* (Bruxelles, 1781, in-8°, p. 326-361), n'en a donné qu'un extrait, un tableau incolore. Michaud et Poujoulat, dans leur collection (1838, t. xi, Ire partie, p. 517-520), n'y ont emprunté que quelques pages. Nous espérons que notre petit livre sera bien accueilli des souscripteurs à la *Collection parisienne* de M. L. Willem.

Louise Bourgeois naquit en 1563. Suivant une note qui nous a été communiquée en 1855, par M. L. Chalon, président de la Société des Bibliophiles belges, et qu'il tenait

lui-même de H. Delmotte, bibliothécaire à
Mons, la future accoucheuse de Marie de Médicis aurait vu le jour dans cette dernière
ville. Quoiqu'il en soit, elle était issue
d'une famille aisée appartenant à la bour-
geoisie. Son père, Charles Bourgeois, était
assez riche pour avoir fait bâtir, vers l'année
1585, sur le fossé de la porte Buci, qui
s'élevait au confluent actuel des rues Contrescarpe et Saint-André-des-Arts, des maisons
d'une valeur de quinze mille livres. Nous
n'avons aucun détail sur les premières années
de cette femme qui devait acquérir plus tard
une si grande notoriété. Ce qu'il y a de certain, c'est qu'à l'âge de vingt et un ans, elle
épousa, le 30 décembre 1584, le sieur Martin
Boursier, « chirurgien-barbier », attaché à l'armée du Roi, qui avait étudié sous Ambroise
Paré, dans la maison duquel il avait demeuré
non moins de vingt ans (1).

(1) Le mariage eut lieu à la paroisse de Saint-
Sulpice. C'est ce qui résulte de l'examen que nous
avons fait autrefois d'un registre de cette paroisse,
registre brûlé comme tant d'autres par le régime de
la Commune. On y lisait : *Le 30 décembre 1584,
mariage de Martin Boursier, chirurgien-barbier et
de Loyse Bourgeois.*

La nécessité où il se trouvait de suivre sa
compagnie partout où l'appelait son service,
fit que madame Boursier restait à Paris
avec sa famille, avec laquelle elle vivait en
commun, c'est-à-dire avec son père et sa mère.
C'était dans l'une de ces maisons dont nous
venons de parler, qui s'élevaient près la porte
Buci, et qu'elle avait choisie à cause « du bon
air et de la liberté des belles promenades. »

Les troubles de cette époque vinrent détruire
le calme qui régnait dans cette famille, et
furent en même temps la cause éloignée des fu-
turs succès de la femme du chirurgien-barbier.

En effet, Henri de Navarre, après divers
exploits pour conquérir sa couronne, vint, le
31 octobre 1590, la veille de la Toussaint,
mettre le siége devant Paris. Il logea avec son
armée dans les villages de Gentilly, Mont-
rouge, Vaugirard et les localités voisines.
Sully, le duc d'Aumont et Châtillon, ayant
attaqué le faubourg Saint-Germain, l'envahi-
rent la nuit suivante, et les troupes y firent
de grandes déprédations. Les maisons de la
famille Boursier, entre autres, furent complètement saccagées « jusqu'à la paille, et de
manière qu'il n'y resta un baston de bois dont
les caves estoient pleines. » Heureusement

que madame Boursier avait appris par une de ses voisines, femme d'un officier du roi, que l'assaut devait être donné le lendemain par les troupes du Béarnais. Aussi eut-elle la précaution de se retirer avec sa mère et ses trois enfants dans la ville, emportant quelques meubles. Ce n'était pas chose facile, d'abord parce que, dans ces moments de trouble, dit-elle, on ne pouvait trouver des gens qui voulussent bien porter des meubles, et puis, on ne passait qu'à grand'peine par la porte Saint-Germain, pour se mettre à couvert dans l'enceinte de la ville.

Voilà donc madame Boursier, d'une position heureuse, tombée tout à coup dans la misère. Dénuée de tout, ne vivant que de ce qu'elle avait pu sauver du désastre, obligée de « vendre tous les jours pièce à pièce, » elle ne perdit pourtant pas courage et se mit à travailler, en attendant le retour de son mari, à divers objets de broderie, « petits poincts, petit mestier, broderies à jarretière, » qu'elle enseignait gratuitement à des filles, ses amies et ses voisines. C'était bien peu pour cinq personnes, dont trois en bas-âge.

Aussi, les troubles étant à peu près passés, et son mari étant revenu dans ses foyers, madame Boursier se décida-t-elle, son père et sa mère étant morts (1), de se rendre à Tours, dans la famille de Martin Boursier.

L'époque précise de ce départ n'est pas connue, mais elle est postérieure au 14 septembre 1592, puisque, à cette date, Louise Bourgeois tenait sur les fonts baptismaux, en la paroisse Saint-André-des-Arts, la petite-fille d'un maître cordonnier, Gaspard Le Roy, à laquelle elle donna son nom (2).

Il ne paraît pas, du reste, que la jeune femme ait encore trouvé à Tours des ressources suffisantes ; car nous la voyons ne pas s'y établir d'une manière définitive, et quitter cette ville immédiatement après la réduction de Paris à l'obéissance de Henri de Navarre.

C'était, par conséquent, dans le mois de mars 1594. On revint donc à Paris, aussi pauvre qu'auparavant ; le mari cherchant des malades et n'en trouvant pas ; la femme se li-

(1) Ch. Bourgeois, le père de notre sage-femme, mourut le 26 juillet 1590, et fut inhumé dans le cimetière de Saint-André-des-Arts. (Ex-Archives de l'Hôtel de Ville.) Quant à sa mère, nous n'avons pu retrouver son acte de décès; mais bien certainement elle mourut entre les années 1590 et 1593.

(2) Ex-Archives de l'Hôtel de Ville.

vrant à des travaux d'aiguille qui étaient loin
de subvenir aux exigences journalières d'une
nombreuse famille.

Louise Bourgeois nous dira comment elle
sut se tirer d'embarras en apprenant l'état de
sage-femme ; comment elle fut reçue, malgré
l'opposition haineuse de la matrone Dupuis,
qui tenait le haut du pavé ; ses débuts bien
modestes dans la clientèle, depuis l'accouchement de la femme du crocheteur jusqu'à
ceux des plus grandes dames ; elle racon-
tera les circonstances heureuses, mais habi-
lement ménagées, qui la mirent face à face
avec Marie de Médicis, alors enceinte de celui
qui devait être le nonchalant Louis XIII ;
elle nous donnera, *de auditu*, un curieux dia-
logue entre le Béarnais et sa femme à l'occasion du choix d'une sage-femme ; elle laissera
pour la postérité une relation détaillée et
naïve des six accouchements de Marie de Médicis.

Mais elle ne nous apprendra pas ce qu'elle
devint après la mort de Henri IV, mort qui
dut ruiner toutes ses espérances et arrêter
brusquement une carrière si bien commencée.

Disons tout d'abord que notre sage-femme
sut créer pour sa famille des alliances aux-

quelles l'accoucheuse de la femme du crocheteur ne pouvait guère prétendre. Les Registres des anciennes paroisses de Paris, que nous
avons pu consulter avant leur déplorable des-
truction, renfermaient plusieurs documents
relatifs à la famille Boursier, et ils montrent
que de nobles maisons eurent à honneur de
s'unir à elle !

Des quatre filles, l'une épousa, en avril
1601, un étudiant en médecine ; l'autre,
Françoise, fut unie à Réné Chartier, médecin
du Roi, professeur au collége royal, premier
médecin de la Reine d'Angleterre, et l'un des
hommes les plus savants de son siècle (1) ; la
troisième fille, nommée Antoinette, eut pour
mari (27 juin 1612), Réné Angry, de Vendosme, docteur en droit ; la quatrième, enfin,
Marie, épousa, en premières noces, Martin,
greffier du lieutenant criminel, et, en secondes
noces, Bourguignon, commissaire des guerres
(2). Quant aux fils, nous en voyons un em-

(1) Paroisse Saint-André-des-Arts : Le mardy,
quinziesme jour de juillet 1608, en l'église Saint-André-des-Arcs, espousèrent, à cinq heures du matin,
Mre Réné Chartier, Docteur régent en médecine, et
Damoiselle Françoise Boursier, femme de chambre
de la Royne, en présence de leurs parents et aïeul.

(2) Marie Boursier mourut sur la paroisse Saint-
Nicolas-du-Chardonnet, le 10 septembre 1657, et fut

brasser la profession d'apothicaire, et un autre, Pierre Boursier, épouser la fille d'un seigneur de Kerguessen et devenir porte-manteau ordinaire de Gaston, duc d'Orléans, puis secrétaire de la chambre de la Reine. La position que cette famille parvint à obtenir à la Cour fut même assez élevée pour qu'un petit-fils de l'accoucheuse fût tenu sur les fonts baptismaux par haut et puissant seigneur Savary de Brienne, et damoiselle Marie de Bourbon, duchesse de Montpensier.

La fortune semblait donc entourer de toutes ses câlineries Louise Boursier, lorsqu'un événement terrible vint assombrir son existence jusqu'alors si enviée, et empoisonner les dernières années de sa vie active. La catastrophe à laquelle nous faisons allusion fut d'autant plus poignante, qu'elle alla frapper au cœur une cour nouvelle, dans laquelle madame Boursier n'avait plus ce puissant appui qui l'avait lancée dans les bonnes grâces de Marie de Médicis, et comptait, au contraire, parmi ses ennemis, des médecins haut placés dans l'opinion du monarque, et dont le jugement était sans appel. Au reste, c'est avec

enterrée à Saint-André-des-Arts, dans la sépulture de sa famille.

regret qu'on voit Louise Bourgeois, cette femme si pleine de tact et de convenances, faire preuve en cette occasion d'une âcreté de caractère et d'une injustice révoltantes envers des hommes qui, sans être ses amis dévoués, avaient pour elle une haute considération et l'entouraient du respect qu'on doit à la vieillesse, à une longue expérience et à un mérite incontestable. Il faut dire qu'à cette époque, madame Boursier avait soixante-quatre ans, âge des déboires, des désillusions et des susceptibilités outrées.

Donc, le 5 juin 1627, Marie de Bourbon Montpensier fut emportée en quelques heures par une affection ayant tous les caractères d'une *fièvre puerpérale*. La perte de cette princesse, femme de Gaston d'Orléans, frère de Louis XIII, fut pour la Cour et pour la France un sujet d'affliction immense. On ne sait si l'on accusa faussement la sage-femme de ce malheur, ou si véritablement cette dernière commit dans cette délivrance quelque grave imprudence (1). Toujours est-il que la

(1) Marie de Montpensier, duchesse d'Orléans, mit au monde une enfant bien portante, et qui devint la princesse qu'on a nommée la *Grande Demoiselle*, si connue par les Mémoires, fort intéressants, qu'elle a laissés.

reine-mère, Marie de Médicis, ayant ordonné
l'autopsie de sa belle-fille, Louise Boursier se
laissa entraîner, contre le rapport qu'en firent
les médecins attachés à la Cour, à la publica-
tion d'un libelle qui dut lui attirer la réproba-
tion générale.

Voici d'abord ce rapport nécroscopique qui
fut colporté dans tout Paris :

*Rapport de l'ouverture du corps de feue
Madame.*

« Nous, soussignés, *François Vautier,*
« conseiller et premier médecin de la Reine,
« mère du Roi; *Pierre Séguin,* conseiller et
« premier médecin de la Reine; *Rodolphe*
« *Lemaistre,* conseiller et premier médecin de
« monsieur; *François Tornaire,* conseiller
« et premier médecin de madame; *Abel Bru-*
« *nier,* conseiller et médecin ordinaire de
« monsieur; *Charles Guillemeau,* docteur en
« médecine, conseiller et premier chirurgien
« du roi; *Jean Ménard; Siméon Pimper-*
« *nelle,* chirurgien ordinaire de la Reine,
« mère du Roi; *Guillaume Carillon,* chi-
« rurgien ordinaire de Monsieur; *François*
« *Néron,* chirurgien ordinaire de feue ma-

« dame. Après avoir ouvert le corps de feue
« madame, par le commandement de la Reine,
« mère du Roi, et diligemment considéré
« toutes ses parties intérieures, avons trouvé
« la capacité du ventre inférieur remplie d'une
« matière sanieuse ; les intestins pleins de
« vent; le ventricule petit et enflé ; le foie sec
« et petit ; la rate fort grande aussi en toutes
« ses dimensions ; les reins petits et bien
« constitués; la vessie de l'urine petite. La
« matrice nageait dans une matière sanieuse
« enfermée dans l'hypogastre. Elle était gan-
« grénée depuis la partie externe jusqu'au
« fond, spécialement du côté gauche, et la
« partie assise sur le rectum. Au côté droit
« du fond s'est trouvée une petite portion de
« l'arrière-faix tellement attachée à la ma-
« trice qu'on n'a pu la séparer sans peine
« avec les doigts. Nous avons trouvé les pou-
« mons sains, sans être aucunement adhé-
« rents aux côtes. Le cœur fort petit. Le
« péricarde presque sans eau. Le cerveau sans
« aucun vice. Le tout certifions être vrai, té-
« moins nos noms ci mis. Fait à Paris, le
« cinquième juin mil six cent vingt-sept.

« Vautier, Lemaistre, Brunier, Ménard, Carillon,
« Séguin Tornaire, Guillemeau, Pimpernelle, Néron.»

Dans ce rapport, on le voit, il n'y avait rien qui fût blessant pour madame Boursier, que les signataires n'accusent en quoi que ce soit. Et pourtant quelques jours après, le 8 juin 1627, elle fait paraître sous le titre de : *Apologie de Louise Bourgeois dite Boursier, contre le rapport des médecins*, un pamphlet dans lequel, défigurant complètement l'intention qui a présidé à la rédaction du rapport des médecins, elle se livre contre ces derniers à des insinuations non méritées, et affiche une pédanterie de mauvais goût, faisant sans cesse appel à Hippocrate, à Galien, à Fabrice d'Aquapendente, à Paul d'Egine, qui n'avaient nullement affaire ici. Elle a même la maladresse, alors que les signataires du rapport ne concluent *rien* touchant la cause de la mort de la princesse, de s'évertuer à vouloir prouver que tous les accidents qui sont survenus devaient être attribués à la mauvaise constitution de la défunte, alors qu'il était avéré qu'elle avait toujours joui, au contraire, d'une bonne santé, et que le temps de sa grossesse s'était passé sous les auspices les plus favorables. « Je ne suis point si meschante, écrit-elle, ny si ignorante en ma vacation, laquelle depuis trente-quatre ans j'exerce en cette ville et à la Cour, avec honneur et fidélité, **comme** je l'ay tesmoigné par les effets heureux et par les livres que j'en ay composé, qui ont esté par diverses fois imprimés, et tournés en toute sorte de langues, avec remerciements des plus grands médecins de l'Europe, qui ont profité à la lecture de mes livres... Pour scavoir les secrets des maladies des femmes, il faut avoir fréquenté les sages-femmes et avoir assisté à plusieurs accouchements, comme avoit fait vostre grand maistre et législateur Hippocrate, qui, au fait des maladies des femmes, consultoit les sages-femmes, s'en rapportant à leur jugement... Si vous eussiez eu un bon dessein de faire cognoistre la vérité, vous deviez appeler avec vous d'autres médecins, nullement intéressés en cette affaire, ou de ceux de la maison du Roy, ou bien quelques médecins de Paris, pour n'estre seuls juges et parties en une affaire de telle importance. Je m'asseure qu'il se fût rencontré des gens de bien, fort entendus en telles matières, qui n'eussent jamais enduré cette supposition de l'arrière-faix arresté dans le corps, pour renvoyer sur moy toute la cause de la mort... »

Mais la réponse à cette rodomontade ne se fit pas longtemps attendre, et ce fut Charles

Guillemeau, l'auteur de la *Grossesse et de l'Accouchement des Femmes* (in-fol., 1598), qui se chargea de briser la plume de notre pétulante sage-femme. Dans une brochure intitulée : *Remontrance à madame Boursier touchant le rapport que les médecins ont fait de ce qui a causé la mort déplorable de Madame* (in-8°, de quatorze pages), le premier chirurgien du Roi fait ressortir, peut-être avec trop d'aigreur, l'absurdité du libelle de madame Boursier, et, ne ménageant plus alors aucune considération, il n'hésite pas à dire que l'inflammation du ventre doit être attribuée aux manœuvres imprudentes de la sage-femme pour enlever le placenta qui était adhérent, aux pressions qui furent exercées sur l'abdomen, et à l'introduction inutilement répétée de la main dans l'utérus pour arracher l'arrière-faix. « La princesse fut en couches « depuis quatre heures du matin jusqu'à six. « Pour avoir l'arrière-faix, la bonne Dame fut « trois quarts d'heure à pousser. Mais la dif- « ficulté fut fort grande pour l'avoir ; on lui « fit avaler des œufs frais, mettre les doigts « dans la bouche et faire beaucoup d'efforts, « la traitant aussi rudement qu'on sçauroit « traiter la femme d'un pauvre laboureur ; on.

« lui pressa le ventre et la matrice, sans con-
« sidérer ce qui pourroit arriver après tant
« d'efforts à une princesse tant délicate et si
« sensible de son naturel. Il lui est arrivé une
« douleur au costé gauche, où la compression
« et contusion avoit esté plus grande. La
« débonnaire et dolente princesse y portoit
« toujours la main ; elle montroit son mal et
« disoit la douleur qu'elle sentoit. On ne lais-
« soit point de bander et serrer toujours plus
« fort son ventre avec des compresses, sans
« considérer la douleur qu'elle souffroit...
« Qu'en est-il suivi ? La fluxion s'est faite ;
« l'inflammation est survenue , de manière
« que la gangrène est survenue... »

Cette chicane, si maladroitement provo-
quée, ou au moins considérablement enveni-
mée par madame Boursier, lui fit sans doute
un tort immense dans l'opinion des hauts
personnages qui l'avaient jusqu'alors employée; sa carrière fut par suite à peu près
terminée, et elle ne s'occupa plus que de faire
paraître une nouvelle édition de son livre,
qu'elle augmenta considérablement de faits
nouveaux et d'observations.

Louise Boursier avait, depuis quatre ans,
perdu son mari, mort le 23 novembre 1632 et

inhumé dans le cimetière de Saint-Séverin, lorsqu'elle-même succomba dans la maison qu'elle habitait rue Saint-Victor, le samedi 20 décembre 1636. Elle était âgée de 73 ans. Son corps fut d'abord porté à l'église de Saint-Étienne-du-Mont, sa paroisse, où eut lieu la cérémonie religieuse. Mais, comme elle possédait à l'église Saint-André-des-Arts un caveau où gisaient déjà plusieurs membres de sa famille, c'est là qu'elle fut le même jour inhumée à côté de la tombe d'Ambroise Paré, mort quarante-six ans auparavant, et qui avait été son premier maître. Nous avons eu le bonheur de mettre la main sur les deux actes de décès de Louise Boursier :

PAROISSE SAINCT-ETIENNE-DU-MONT. — *Le même jour, 20 décembre 1636, fut inhumée et portée à Saint-André des Arcs, deffuncte madame Boursier, décédée rue Saint-Victor.*

PAROISSE SAINCT-ANDRÉ-DES-ARCS. — *Le samedi, vingtième jour de décembre 1636, fut apporté de Sainct-Estienne-du-Mont, environ cinq heures du soir, le corps de deffuncte Loyse Bourgeois, veufve de Martin Boursier, lequel a esté inhumé dans l'église*

de Sainct-André-des-Arcs, en la sépulture
de ses ancestres.

Nous ne pouvons mieux terminer cette no-
tice qu'en donnant ici, presque *in extenso*, les
pages qu'elle a écrites sous le titre de : *Instruc-*
tion à ma fille, et qui terminent la seconde
édition de ses Observations, publiée en l'année
1626.

INSTRUCTION A MA FILLE

Ma fille,

Si les excellences de tout ce qui se void au monde viennent de païs différents, ceux qui ont voyagé sont capables d'en parler d'autre sorte que ceux qui n'ont fait que lire ou entendu dire. Je vous diray donc que chacune personne de jugement ne doit ignorer tout ce qui est de bon au lieu dont il est nay, pour en pouvoir seurement parler, et rendre compte aux curieux qui le désireront sçavoir.

Je vous exhorte de vous rendre soigneuse, de faire exacte recherche de tout ce qui est du vostre.

Je vous diray donc d'où vous estes et moy

aussi, afin que vous suiviez mes préceptes et cognoissiez vostre païs. Me trouvant embarquée dans un mesnage, chargée d'enfans, accablée de guerre et de perte de biens, la sage Phanèrote, mère de ce grand philosophe Socrate, prit pitié de moy, me consola, et conseilla d'embrasser ses sciences, me représentant que toutes choses concurroient à bien pour moy la croyant; que, à cause d'elle, dont je serois fille adoptive, tous les disciples de son fils Socrate me seroient favorables; que mon mary, qui exercoit les œuvres manuelles de chirurgie, me guideroit. Comme Lucine, Déesse des accouchemens, jalouse d'honneur, vid que Phanèrote m'avoit départy de si grandes faveurs, à l'envie me départit des siennes, m'apprit de quel pied il faut marcher en tel affaire, et à l'imiter en ses vestemens. Et commanda à Mercure, de tout le pouvoir que les Dieux luy avoientdonné sur luy, de me conduire en tous les lieux les plus illustres de ce Royaume, voires jusques à la naissance des astres qui éclairoient et la France et les Espagnes, et autres plus grands Royaumes de la Chrestienté.

Advisez, ma fille, ce que vous pouvez estre plus que moy, estant petite-fille de Phanèrote, disciple de Lucine, maitresse de Mercure, à cause que Lucine l'a assujetty à vostre mère.

Vous estes née dans l'exercice que ceste sage m'a monstré, et cinq mois avant la naissance du plus bel astre qui nasquit de cent ans en France, où Mercure me guida dans les déserts de Fontaine-bleau, par l'entremise des sages enfans de Socrate. Vous rendant capable de leur bien-veillance, vous n'en manquerez nullement, d'autant que vous estes enfant de famille : un Docteur en médecine est mary de vostre sœur, vostre mary fait son cours pour l'estre ; l'un de vos frères est pharmacien, vostre père est chirurgien, et moi sage-femme ; le corps de la médecine est entier dans nostre maison. Il faut que vous regardiez que jamais personne ne vous a induite à estre de cette vacation là ; au contraire, que vous y voyant résolüe, je vous ay représenté toutes les peines que vous y pourriez avoir ; qui vous doit bien faire cognoistre que Dieu seul vous y a appellée en un aage non ordinaire à toutes celles qui s'en meslent, pour vous rendre admirable, si vous avez trois parties sans lesquelles vous ne seriez qu'un avorton de toutes les sciences requises à un tel art.

Il faut avoir la crainte de Dieu toute entière, de laquelle vous procéderont toutes sortes de bénédictions, l'entière charité, et l'extrême envie de bien faire ; afin qu'en vostre art vous imitiez ce grand médecin Duret, qui, avant vingt-deux ans, fut receu avec admiration de tous les Docteurs de cette célèbre Escole de Paris. Et que l'on die de moy comme l'on fit de son père : qu'il avait bien instruit son fils. Pour faire un beau portrait, il faut divers pinceaux et plusieurs couleurs.

Quand ceux qui ont grandement voyagé, instruisent ceux qu'ils ayment, des rencontres qu'ils ont fait, et comment ils ont eschappé les périls, les divers naturels et façons de faire des peuples, ils marchent tout d'un autre air que les autres, et peuvent servir de guide à ceux en la compagnie desquels ils cheminent.

Apprenez jusques au dernier jour de vostre vie, et pour ce faire facilement, il faut une grande humilité ; car les personnes orgueilleuses ne gagnent pas le cœur de ceux qui sçavent des secrets. Ne vous hazardez en vostre vie d'expépérimenter aucun remède que l'on vous aye enseigné, sur pauvre ny riche, si vous n'estes asseurée de la qualité du remède, et qu'il ne puisse faire mal, tant pour estre pris que pour estre appliqué. Ne cachez les bons remèdes que vous scaurez, aux médecins et personnes sages ; autrement, on les estimeroit aussi peu comme des Charlatans, qui se servent d'un remède comme d'une selle à tous chevaux, et, néantmoins, disent sçavoir des merveilles, et se cachent en tout ce qu'ils font. Il faut librement parler de ce que l'on sçait, et en donner raison.

Il vous sera aisé, vous peinant un petit ; tout ce que je scay vous est acquis sans peine. Ne le négligez pas. Faites profiter le talent que je vous laisse, et faites que l'on die de vous que vous estes plus capable que n'a jamais esté vostre mère.

Je vous diray donc que ce que vous avez entrepris est de merveilleuse importance, et qu'en cet art, il y a deux chemins aisés à tenir : l'un pour se sauver, et l'autre pour se damner ; et celuy qui mène au Paradis est plus aisé à tenir que l'autre. C'est que pour tous les biens qui sont sur la terre, il ne faut que vous adhériez à une seule meschanceté, comme font ces damnées qui donnent les remèdes pour faire avorter celles qui ont fait le mal, et ceux qui recherchent le damnable remede sont cruellement meschans. Mais c'est toute une autre meschanceté à celles qui, n'estant aucunement engagées dans cet affaire, tuent le corps et l'âme d'un enfant. Ce n'est pas assez de refuser d'enseigner ny de donner remède, mais vous êtes tenüe de vous deffier et prendre garde de vous laisser tromper par des

cauteleuses personnes, qui finement vous pro-
poseront des maladies de filles ou femmes, qu'ils
diront fort honnestes, lesquelles n'ont ce qu'ils
faut qu'elles ayent, espèrant de vous quelque
remède pour les provoquer, et croyant qu'inno-
cemment vous effectüerez leur damnable dessein. Renvoyez-les aux médecins; vous vous en
pourrez honnestement excuser, comme cela
n'estant point de vostre charge.

Ne retenez jamais la membrane amnios (dit
la coiffe de l'enfant, de laquelle aucuns enfans
viennent couverts la teste et les espaules), d'autant que les sorciers s'en servent. Il s'est trouvé
quelques personnes qui m'en ont demandé, que
j'avais creu gens de bien jusques alors. D'autres,
incognus, m'en ont demandé avec offres d'argent,
que j'ay bien renvoyés.

Lorsque vous serez appellée pour aller à une
maison, informez-vous soigneusement quelles
gens ce sont, et s'ils sont de bonne renommée;
ussent-ils les plus pauvres du monde, servez-
les de mesme affection que si vous en deviez
recevoir grande récompense; et vous gardez
bien, si vous recognoissez de la pauvreté, d'en
prendre un denier; car à une pauvre personne
peu est beaucoup; donnez leur plustost que de
prendre : Dieu vous le rendra avec grand inté-

rest. Et rendez graces à Dieu dequoy en ce jour
là il vous a fait cette grace ; il vous a esleüe
pour le servir en ses membres. Visitez les après
avec un grand soing, afin qu'en ce peu de temps
qu'elles demeurent au lict, vous contribuyez à
ayder à les fortifier, et recouvrer leur santé ; car
la nécessité les chasse pour aller tirer comme un
cheval de charrüe.

Il y a assez de sages-femmes mal-sages, pour
aller aux lieux des-honnestes sans que les femmes de bien profanent leur honneur d'aller assis-
ter telle canaille. Ne recevez en vostre vie fille
ny femme pour accoucher en vostre maison. Je
vous le recommande : c'est un maquerellage
revestu de quelque couleur que l'on approprie à
charité, et mesme que l'on veut faire croire que
vostre art vous y oblige. Ce qui n'est point. Si
c'estoit fille ou femme qui ne se fust encor jettée
dans l'entière paillardise, qu'il y eust espérance
de la tirer de là, qui vous désirast, tant pour
vostre suffisance que l'espérance qu'elle auroit
que vous tiendriez son péché caché, vous la
pourrez aller accoucher en lieu honneste. Vous
estes tenüe de la consoler si elle s'afflige, et la
remettre doucement dans le bon chemin, en
l'exhortant de jamais ne retomber en telle affaire.
Et vous mériterez grandement. Mais de recevoir

telles gens en vostre maison, ne pensez pas que ce soit moins de péché que d'être recéleur des biens desrobés; que les recéleurs donnent hardiesse aux larrons de desrober. Ainsi, les femmes qui se font appeler sages, qui retirent telle puantise, aident à faire le mal qu'elles font : d'autant qu'elles sont asseurées du lieu où elles se doivent aller descharger. Joinct que c'est une peine qui ne se peut exprimer, que de les garder de faire mal.

Au commencement que je fus de cet art, j'en ay reçeu en ma maison deux, l'une de qualité, et l'autre moindre, toutes deux vefves et fort repentantes d'avoir fait cette faute. Je les voyois quelquefois en des désespoirs que j'avois grand peine de les remettre; j'en estois inquiétée jour et nuict; ceux desquels venoit le mal, par l'entremise desquels je les avois, les venoient voir, d'autant qu'ils leur bailloient de quoy vivre ; lesquels les remettoient entre le bien et le mal. Il me falloit toujours tenir des gardes auprès d'elles de peur qu'elles ne fissent du mal dans ma maison. Je diray, en somme, qu'une trouppe de pourceaux ne m'eust tant donné de peine à garder.

Telles inquiétudes ne doivent point entrer en l'esprit d'une sage-femme ; son esprit doit estre tranquille et libre ; outre ce que la coustume

d'accoucher des femmes mal vivantes peut alté-
rer vostre réputation, elle peut aussi ruyner vostre santé, et celle d'une infinité de femmes d'honneur que vous accoucherez.

Je vous diray à ce propos que j'ay connu dans
le faux bourg Sainct Germain une sage-femme
honneste et assez entendüe, laquelle accoucha une courtisanne en cachette, laquelle estoit
comme un sépulchre reblanchy, car elle ne pa-
roissoit avoir aucun mal. Ce sont des femmes qui
ont la vérolle invétérée qu'elles pallient. Elle
donna la vérolle sur la main droite de cette pauvre sage-femme, aagée de près de soixante ans,
laquelle ignorait que ce fût cela. Il luy vint donc
une bube rougeastre, pour laquelle elle ne délais-
sait d'accoucher des femmes à l'ordinaire. Elle
en gasta bien trente-cinq mesnages. Il ne fut
jamais veu plus grande pitié avant que l'on eût
recognu d'où cela venoit ; car les maris prindrent la vérolle de leurs femmes, les enfans de
leur mère. Quelque cognoissance que les maris
eussent de la pudicité de leurs femmes, eux
sçachans n'estre point coulpables du mal, le rejettoient sur leurs femmes ; elles, aussi innocentes, le
rejettoient sur leurs maris. Advisez en quelle
altercation ils estoient ! Je cognois encore un
homme et une femme de deux divers mesnages

qui en furent gastés. Il se passa beaucoup de
temps avant que l'on eust descouvert la cause
du mal, et maintes honnestes femmes en furent
taxées : les mauvaises humeurs se jettent toujours
sur la partie la plus débile ; l'on blasme plustost
les femmes que les hommes. Quelque advisée voi-
sine et de la sage-femme et de quelque autre de
celles qui estoient en cette misère, s'advisa que
les femmes où ce tourment estoit, avoient accouché depuis peu, toutes de la main d'une mesme
sage-femme. L'on luy veid une main enveloppée.
Une luy demanda qu'elle avoit à la main ? Elle
dit que c'estoit une bube qu'elle avoit desjà, il y
assez longtemps, qui ne s'en alloit point. L'autre
luy dit qu'il estoit nécessaire qu'elle fît voir si ce
n'estoit point mauvais. Elle le fit. On trouva ce
que c'estoit. Elle fut priée de deux honnestes
filles qu'elle avoit mariées, de vouloir estre pen-
sée. Elle dit que non, et que jamais homme ne
la verroit nüe, qu'elle aymoit beaucoup mieux
mourir que lever le voile à l'honneur, que tout
son desplaisir n'estoit que d'avoir gasté tant de
familles, et demeura ferme en cette résolution.
Ses filles se mirent à genoux devant elle pour la
supplier de se faire penser ; leurs pleurs eussent
esté capables d'esmouvoir un cœur aussi dur
qu'un rocher ; ils ne la purent gaigner en aucune

sorte que ce fut. Ses gendres s'advisèrent qu'à
la rüe du Colombier de l'Abbaye Sainct Germain il y avoit un vieil Chirurgien veuf, fort
honneste homme, environ de son aage, lequel elle
cognoissoit. Ils le furent trouver pour lui demander ce qu'ils pourroient faire à leur mère, si
l'on ne la pouvoit guérir par remèdes sans qu'elle
fust vüe nüe. Il dit qu'il n'en scavoit point, des
quels il voulut asseurer ; mais qu'il les asseurait
bien que si elle vouloit se laisser penser à l'ordinaire, qu'il la rendroit aussi saine qu'auparavant.
Ils lui demandèrent : si vous aviez pensé une
femme, ne feriez-vous pas difficulté de l'espouser
après, si c'estoit vostre advancement ? Il dit que
non. Ils luy dirent : Nous n'aymons pas le bien de
nostre mère comme sa vie et sa santé. Si vous la
voulez espouser et qu'elle le veüille, nous ferons
qu'elle vous advancera grandement selon ses
moyens ; vous l'espouseriez, et puis après la pen-
seriez. Il s'y accorda. Ils firent par leurs amis et
personnes d'Église représenter à cette femme
qu'elle n'avoit plus d'excuse, cela estant, et que
faisant autrement, elle serait homicide d'elle-
même. Elle s'y accorda. Il l'espousa, et puis il la
pensa. Je les ay cognus tous deux. Une grande
partie des femmes de ce temps ne donneroyent pas
tant de peine à leurs amis pour se faire toucher

par les hommes avec moins de besoin que celle dont j'ay parlé. Monsieur Honoré en sçauroit bien que dire. Une infinité de coquetes disent qu'elles ayment beaucoup mieux qu'aux accouchemens où l'enfant se présente bien, qu'il les accouche, qu'une femme. Cela est à présent à la mode.

Je vous diray (ma fille) ce que j'ay veu de mon jeune temps. Il n'y pas plus de vingt-cinq ans que la plus grande partie des femmes estoient toutes d'une autre humeur que je les voy. Il y en a eu tousjours de mal-sages, mais ce n'estoit si communément qu'à cette heure. J'ay tant pensé à la cause d'où pouvoit venir cette liberté, il m'a semblé que deux choses y ont grandement contribué. L'une, que le temps passé, si l'on marioit une fille jeune, on la tenoit sous le gouvernement de sa mère ou belle-mère, ou de quelque tante qu'elle craignoit, ou, à deffaut de tout cela, l'on choisissoit quelque femme vefve de grande réputation, à qui les parents la donnoyent en charge, et luy commandoyent de luy obéyr. Quand leurs maris voyoient leurs femmes tristes, ils ne faisoient pas semblant de le voir, jugeant bien qu'elles avoyent fait quelque tour de jeunesse dont elles avoient esté tancées. Elles ne s'en fussent osé plaindre. Ces personnes

là les tenoient en la crainte de Dieu, et avoient
soin d'occuper leurs esprits à des ouvrages ; on
les engageoit d'entreprendre quelque lict au
point de tapisserie, des chaises, tapis, ou tentes
de chambre ; et cela se faisoit à l'envie les unes
des autres. Et se voyant, ne parloient que de
leurs ouvrages. Elles avoient quelques honnestes
filles tapissières, lesquelles tenoient coup à l'ou-
vrage, qui apprenoient à leurs filles de chambre.
Elles n'avoient autre chose dans l'esprit. Les
maris faisoient estat de leurs ouvrages, et attri-
buoient tout l'honneur à leurs femmes, leur
promettoient que leur lict estant fait, qu'ils le
feroient magnifiquement monter, ensemble leurs
autres ouvrages ; et qu'outre cela, ils leur feroient
quelque beau présent de ce qu'ils sçavoient
qu'elles eussent désiré. Cela leur faisoit aymer
leurs ouvrages. D'autres faisoient faire leur toile
de mesnage. C'estoit chose belle à voir. Les maris
estoient plus advisés que ceux de ce temps cy,
que les femmes meinent à baguète. Il semble
qu'il se soit fait un reversis d'esprit ; d'autant
que le temps passé, les enfans estoient longtemps enfans, et les petits-enfans d'aprésent sont
grandement fins : ils ressemblent aux arbres
qui fleurissent de bonne heure, que la moindre
petite froydure empesche d'apporter fruict. Tout

3

e mal vient de la liberté des jeunes femmes.
Elles sont aussi libres comme les Biches des
bois : ce sont jeunes poulines à qui l'on met la
bride sur le col. Vous diriez aussi voyant leurs
maris de plusieurs accablés de leurs despences et
mauvais mesnage, secs et maigres, jaunes comme
cire. Ainsi, comme un mauvais matelot, qui,
faute de sçavoir conduire son vaisseau, le laisse
aller à la mercy des vents, c'est où les escumeurs
de mer font leur profit quand ils trouvent des
marchands qui ne se sçavent pas deffendre. Elles
ne se servent plus de servantes anciennes, j'en-
tends de filles nourries, d'enfans dans les maisons
de leur mère ou parente, comme l'on souloit,
que quand l'une estoit mariable on en prenoit
une jeune pour estre faite de sa main. L'on ne
regardoit jamais la maistresse à cause de sa servante, comme à cette heure qu'aux plus honnestes maisons de la ville, l'on se sert de tout ce
qui est rejetté de toutes les Provinces. C'est bien
enfermer le loup dans la bergerie : cela ruyne
un nombre infini de jeunes femmes et de filles
de bonne maison. Elles en font assez souvent
marchandise, leur disant qu'un galant homme
de leur pays les a recognües sur la porte, qui
leur a tant dit du bien d'elles, qu'il ne cognoist
fille ni femme à Paris de si bonne grace ou si

belle. Cela chatouille leurs oreilles. Ces rusées
de servantes sçavent prendre leur temps pour le
reste, selon qu'elles auront veu leurs paroles
bien ou mal receües. Ces personnes là sont pro-
fitables dans les maisons comme des confitures
faites d'escume de sucre dans le corps d'un malade. Elles ont merveilleusement le vent à gré
maintenant ; d'autant que la pluspart des Damoiselles ont, selon la mode qui court, une Damoiselle. Elle se vont enharnacher à la fripperie
pour aller après elles. Elles sont plus corrom-
pües que les fesses d'un postillon. Si elles devien-
nent grosses, elles ont leurs retraites chez nos
sages-femmes de nom. Les chambrières de cuisine, et des personnes mesnagères, qui n'ont
tant de moyens ny d'artifice, vont accoucher à
l'Hôtel-Dieu.

Voilà comme une partie du peuple de Paris est
servy. La plus grande partie de celles dont je
viens de parler, se font nourrices pour nourrir
sur le lieu... Les enfans sont nourris d'un bon
laict ! Les Dames et Damoiselles disent qu'il n'y
a pas dè danger pour des garçons ; mais je ne
suis pas de leur advis en cela : c'est un doux
poison qu'un laict amoureux, qui empesche un
enfant de faire un bon fondement de vie, et le rend
vicieux estant grand. Joinct que l'on doit tous-

jours avoir peur qu'elle n'apporte du mal à l'enfant, ou qu'elle ne soit grosse. Je mettrois autant de différence entre leur laict et celuy d'une femme de bien, comme de l'eau d'une fontaine à celle d'une mare.

Ces considérations n'entrent pas dans l'esprit de nos jeunes femmes. Elles pensent estre plus sages que ne furent jamais leur mère. A la vérité, elles ont beaucoup de résolution au prix de celles du temps passé. Elles ont tousjours leur robbe à hanter compagnie. Aussi, sont-elles sans cesse en visite, où il ne manque de mesdisance. C'est l'une des pièces qu'elles ont le plus en usage. Ce quelles estiment, ne vallut-il pas un tron de choux, elles le mettent au tiers ciel, et ce qu'elles veulent mespriser, fut-ce mesme vertu, elles le rejetteront dans le centre de la terre. Quand leurs discours (qui s'entretiennent comme crotes de chèvres) leur manque, elles se mettent à parler à celles qu'elles visitent, si elle est grosse, de tous les malheurs qu'elles ont jamais entendu dire, qui peuvent arriver à une femme, et mesme en inventent qui ne furent jamais.

Je le sçay pour avoir servy une jeune Dame, laquelle ressembloit au bon oyseau qui s'estoit fait de luy-même, car elle estoit demeurée jeune sans mère, et s'est si bien conduicte qu'elle est un

vray exemple de vertu, encor qu'elle fût de Cour
et de qualité. La vanité n'estoit point logée chez
elle. Les méchans contes que l'on luy avoit faits
estoient capables de la faire mourir de peur si
sa prudence ne s'y fust opposée. Je ne croy pas
que celles qui luy parloient si mal à propos luy
voulussent mal, car elle ne désobligea en sa vie
personne. Ces femmes là parlent selon leur cer-
velle, sans penser l'importance de ce qu'elles disent, parce qu'elles ne visitent pas par affection ;
ce n'est que pour forme. Les visites anciennes
ne se faisoient pas de telle sorte, car c'estoient
parentes bien apprises qui leur donnoient courage, et ne leur parloient jamais que d'heureux
accouchemens.

Je vous diray à ce propos combien l'appréhension est dangereuse à une femme grosse. Je fus
un jour priée d'une ancienne et sage Damoiselle
de qualité d'aller voir sur l'heure, avec elle,
une jeune femme en travail, où l'on estoit bien
empesché. J'y fus, et trouvay une jeune femme
assise sur le bord d'une grande chaise que l'on
tenoit à quatre, avec une grande convulsion. Je
la fis mettre au travers du lict, en la façon que
le Chirurgien les fait situer. Je le fis afin de luy
faire promptement rendre l'enfant qui estoit au
couronnement. Il y avoit un Apothicaire et deux

Chirurgiens qui estoient voisins, lesquels vouloient tirer l'enfant par la teste avec un crochet.
L'on leur faisoit attendre monsieur Honoré.
Dieu me fit la grâce de recevoir son enfant, qui
estoit une fille vive et saine, et la délivray heureusement de son arrière-faix. Cela luy arriva
d'une grande peur, ainsi que j'appris depuis.
Elle avoit sa mère et plusieurs parentes, lesquelles pressoient la sage-femme de leur dire quand
elle accoucheroit, chose assez difficile à juger au
juste d'un premier enfant. Lorsque la sage-femme
vit que l'enfant s'estoit advancé plus en une
douleur qu'il n'avoit fait en douze, elle pensa
resjouyr la compagnie, dit que l'on luy donnast
promptement du fil et des ciseaux. La pauvre
jeune femme l'entendit, qui estoit jeune et fort
simple, creut que l'on la vouloit couper et recou-
dre, commença à tressaillir, et tout à l'instant les
convulsions la prindrent, qui ne la quittèrent
jamais qu'elle ne fust morte, quelque secours
que l'on luy peust apporter. C'est qu'il ne faut
jamais qu'une sage-femme soit sans fil ny sans
ciseaux, et ne faut jamais qu'elle fasse ny endure
faire bruit dans la chambre d'une femme qui
accouche, pendant ny après son accouchement,
quelque joye que l'on puisse recevoir de sa délivrance, ny de voir l'enfant tel qu'on a désiré.

C'est l'indiscrétion d'une grande partie du peuple, que de faire un bruit désespéré sitost qu'une femme est accouchée. Aussi, cela fait-il souvent de grands maux aux femmes, qui, se sentant délivrées d'un si grand mal, pensent estre exemptes de tous maux.

Il faut dire le proverbe des bonnes gens, « qu'il n'est pas échappé qui traîne son lien. » L'on dira que les femmes accouchent assez souvent toutes seules, qui ne s'en trouvent pas mal. J'ay entendu dire qu'une gallante Damoiselle et de bon lïeu, ayant accouché de son premier enfant avec grand mal, de plusieurs autres accouchoit inopinément et avec peu de peine, de sorte que en toute compagnie où elle visitoit des accouchées, elle disoit qu'elle n'avoit point de sage-femme et n'en avoit nulle affaire, que quelquefois sa servante de chambre estoit sa sage-femme, tantost celle de cuisine ou de charge, selon l'endroit de sa maison où le mal la prenoit, et qu'elle ne vouloit en sa vie cognoistre ny retenir sage-femme. Ça esté à son grand dommage; car estant grosse il luy arriva une petite perte de sang qu'elle négligea et laissa gaigner sur elle; et mesme s'alla promener en carrosse; de sorte que quand les foiblesses luy commencèrent à prendre, qui l'arrestèrent, son mal ne fut plus remédiable ; elle et son enfant moururent.

Tous les travaux d'une femme ny les grosses-
ses ne sont pas semblables. Je n'ay peu faire une
comparaison plus significative, pour représenter
la grossesse des femmes, et leurs accouchemens,
que de l'accompagner à la navigation : La femme
à un vaisseau de grande importance, chargé de
personnes de qualité ; la sage-femme à un grand
Pilote maistre conducteur du vaisseau. Je diray
donc que quand telles personnes ont à faire
voyage, la première chose qu'elles doivent faire est
de choisir le plus habile homme que faire se peut,
pour sçavoir à propos faire tendre ou abattre les
voiles, et cognoistre si l'on est en terre où l'on
puisse ancrer pour laisser passer la tourmente ;
cognoistre parfaitement la carte marine et la
boussole, à celle fin de sçavoir, à toutes les heures du jour et de la nuict, en quelle terre la tourmente a jetté le vaisseau. Cela est grandement
nécessaire, puisqu'il y va de la vie, d'aborder en
Isle sauvage ou au pays des Turcs ; il n'y va rien
du moins que d'une mort cruelle ou esclavage
perpétuel. Il n'y a point de comparaison entre
une petite ramification de veine avec la veine
cave ; aussi n'y en a-t-il entre la mer et une
rivière ; et néantmoins, faute de bateliers et voi-
turiers sur l'eau, ou peu expérimentés et estour-

dis ou yvrongnes, souvent au temps le plus
calme, sont cause de faire perdre des personnes
et de la marchandise. Combien un marchand
doit-il redouter de mettre sa vie et son bien en
telles mains ! Ce sont personnes qui n'ont ny
poids ny mesure, qui n'entendent la charge du
vaisseau qu'ils meinent. Ils ont le bruit de faire
meilleur marché que les autres ; mais l'on l'a-
chepte plus cher qu'au poids de l'or. Je désire-
rois que l'on fit estat des bons maistres de chacun estat, afin que chacun print peine de l'estre.

Je vous diray, ma fille, qu'il ne faut point
vous estonner de voir mespriser l'estat de sage-
femme, ny que cela vous refroidisse d'en chercher les perfections, lesquelles sont incompré-
hensibles à ceux qui les méprisent, ny ne vous
estonner si vous voyez en cet estat des personnes si indignes du nom. Cela n'amoindrit le
sçavoir ny l'honneur de celles qui le méritent.
Cela vient que ceux qui les reçoivent pour de
l'argent font comme les hostelliers de village qui
attachent des asnes et des rosses avec les bons
chevaux. Les bons chevaux ne courent pas ris-
que d'être blessés des asnes ny des rosses, mais
ils pourroient blesser les autres. Quand vous
trouverez de ces retireuses de garces, ne vous
en accostez nullement ; elles sont trop oguettes,

et en quelque compagnie que vous alliez, ne
parlez jamais d'elles. Car vous ressembleriez à
l'escholier qui se voulut venger d'une harengère
qui l'avoit injurié : il l'alla trouver avec son Ca-
lepin. En somme, toutes les injures qu'il put
trouver, et en François et en Latin, ne parurent
non plus contre elle qu'une mouche contre un
Éléphant. Ne vous amusez qu'à bien faire, et à
servir celles qui vous appelleront, selon leur
gré, pourveu que cela ne leur préjudicie ; si ce
qu'elles voudront leur fait dommage, deschar-
gez-vous en elles, et surtout aux assistantes,
afin de les persuader à céder à la raison. La
douceur d'une sage-femme y sert de beaucoup
plus que la rigueur. Le mal d'accoucher est
extrême. C'est pourquoy il le faut considérer,
et s'accommoder (sans préjudice) à l'humeur
de la malade, pour peine que vous en puissiez recevoir. Vous n'y êtes appellée que pour la secou-
rir et la servir. Prenez vous garde, entrant dans
une maison, en quel estat est la malade, si le
mal est prompt. Il faut luy donner bon courage,
préparer avec celles qui s'entre-mettent, ou seule,
ce qui luy faict de besoin : s'entend, pour le
premier, son lict bien accommodé à la façon
d'accoucher, luy mettre, si elle l'a agréable, la
petite chemise, élaise, brassières, et autres lin-

ges à ce nécessaires. Et si elle s'opiniastre à n'en vouloir point, après luy avoir doucement fait entendre que cela est pour le mieux, à cause que cela luy seroit une trop grande peine après, cédez luy ; car d'une mauvaise debte il faut tirer ce que l'on peut. Vous devez donner ordre s'il faut quelque chose de chez l'Apothicaire, avec son consentement, ou, si elle est jeune, de ses proches. Vous devez aussi prier que l'on luy face préparatif d'un bon bouillon pour en user au travail s'il est long, et pour en prendre deux heures après l'accouchement. Surtout je vous recommande que quelques affaires qu'il y puisse avoir, n'en faites jamais l'empeschée ; car il n'y a rien de si désagréable à voir que ces quatre mesnages qui font les enhazées. Ne vous estonnez jamais si quelque chose ne va pas bien; car l'espouvente trouble les sens. Une personne qui demeure en soy-mesme sans se troubler, est capable de remédier à de grandes affaires, et surtout à celles-là, où les affaires vont pied à pied. Nature fait des merveilles lors que l'on y pense le moins : il la faut considérer, et si elle deffaut, il la faut ayder, Il faut estre prudente, et surtout au siècle où nous sommes : il ne faut guère de colloquinte à rendre quelque chose de bon fort amer et desagréable au goust.

C'est pourquoy je vous en diray ce que j'en
ay recogneu.

Il se trouve bien peu de femmes qui affection-
nent leurs sages-femmes, comme elles faisoient
le temps passé, que quand les sages-femmes
mouroient, elles en menoient grand deuil et
prioient Dieu de ne leur plus envoyer d'enfans
(qui n'estoit pas bien faict; mais leur affection
les portoit à cela). Maintenant plusieurs s'en
servent comme d'une femme de vendange, où
tous les ans on change de vendangeurs, tant
tenu tant payé. Il faut bien de l'artifice à
une saulce pour la faire trouver bonne à un
malade bien dégousté ; comme font les jeunes
femmes qui, dès leurs premiers enfans, font
eslection d'un homme pour les accoucher. J'en
rougis pour elle ! Car c'est une effronterie trop
grande que se résoudre à cela sans besoin. Je
m'asseure que leur mère ny grand mère ne s'en
sont pas servies. Il se trouvera des femmes de
mauvaise vie qui en feroient de la difficulté. Je
l'ay approuvé et l'approuve avec besoin, et
encore cela se doit faire que la femme ne le voye
ny ne le sçache, et que le chirurgien ne la voye
non plus. Cela est capable (le remonstrant,) de
faire rougir une femme jusques derrière les
oreilles, et les maris ne devroient avoir agréable

que sans extrême besoin, cette pièce fust communiquée à autres qu'à eux.

Et à ce propos, je vous diray que je me trouvay un jour à l'accouchement d'une honneste
Damoiselle de mes bonnes amies, de laquelle le
mary estoit absent. Elle étoit assistée de trois ou
quatre de ses amies, lesquelles me demandèrent
l'estat de son accouchement. Je leur dis que
l'enfant venoit mal, mais que je l'aurois, aydant
Dieu, sans danger de la mère ny de l'enfant.
Elles me prièrent d'avoir agréable de la faire
voir au chirurgien. Pour leur descharge je leur ac-
corday, pourveu qu'elle ne le vid point ; d'autant
que je sçavois que cela estoit capable de la faire
mourir d'appréhension et de honte. Je la per-
suaday de se glisser aux pieds de son lict. Je mis
le chevet au milieu du lict, et abattis le jour 'du
lict du costé qu'il devoit passer, et aux pieds. Il
la toucha comme je parlois. Elle ne le vid point, et
accoucha sans artifice, ny ayde que de Dieu et
de la nature. Celles qui font autrement croyent
que Dieu amoindrisse de puissance, comme elles
ont de confiance en luy. Quand des personnes
se baignent, l'on ne court point à leur secours
si on ne les juge en danger. Depuis que ces
meffiances sont venües en usage, il se trouve plus
de dangers que le temps passé ; à quoy person-

nes capables de leur charge remédieront fort
bien, pourveu que l'on les laisse faire. Mais la
médisance est en tel usage parmy une partie du
peuple, qu'il y a grand peine à leur faire croire
une vérité. Et surtout, où l'on ne doit pas faire
grand profit, il y a très grand peine. Apprestez-
vous à cela. Avec les sages et honorables, vous y
trouverez toute sorte de bien et de contentement. Véritablement, les prudentes femmes que
j'ay l'honneur de servir me font trouver les
autres monstrueuses. Vous irez en des maisons
où il se trouve des personnes qui fournissent à
la maîtresse du logis des lunettes qui font voir
ce qui n'est point. Que si vous ne les caressez,
vos affaires sont faictes. Prenez-y bien garde
Cela ne vous couste rien qu'un peu de soin puisque cela est réduit en coustume. Puis, quand vous
aurez fait vostre charge selon Dieu, mocquez-
vous de tout ce que l'on pourra dire. Vostre cons-
cience est un fort rempart. Il vous seroit aussi aisé
d'empescher le cours des eaux, comme il seroit
de vous rendre agréable à tout le monde; car un
chacun a un goust différent, et personne, pour
accomply qu'il puisse estre, ne l'a jamais pu
faire. Je voy de si galans Médecins qui procè-
dent avec tant de prudence et d'affection : les
uns les loüent et les autres les blasment en

une mesme maison. L'on voudroit qu'ils rendis-
sent les personnes immortelles ; ainsi que l'on voudroit que, — quelque indisposition que peut avoir
une femme, soit de mauvaise constitution qui
fust en elle, soit qu'elle se fût blessée, et par sa
faute tüe son enfant dans son ventre, soit d'aller
en carrosse, estre cheüe, avoir dancé, s'estre ou-
bliée avec son mary, ou avoir eu quelque grande
frayeur ou colère, — l'on veut que la sage-femme
soit le garend ; et quand l'une de toutes ces choses là leur est arrivée, elle se peut bien asseurer
d'en avoir le chat aux jambes ; et surtout, si
la femme accouche d'un enfant nouvellement
mort, que le derme et épiderme ne soient encore
pourris, c'est à l'heure que la femme, qui ne veut
pas advoüer ce qu'elle a fait de peur d'estre tan-
cée, drape sur la pauvre sage-femme la première

. . . .

J'ay aussi à vous parler des accouchemens que
les Dames vont faire aux champs, et envoyent
quérir des sages-femmes à la ville. Les peu ex-
périmentées sont fort dangereuses parce qu'il
peut arriver plusieurs accidens, à quoy elles ne
sont pas capables de remédier, devant, pendant,
et après l'accouchement. Pour celles qui sont
bien capables, elles se ruinent d'y aller, quelque
récompense que l'on leur puisse faire ; d'autant

que toutes les femmes qu'elles laissent, s'en fas-
chent tellement qu'elles les perdent pour jamais-
Ce sont contracts de constitutions de rente cas-
sés. Petites sources font les grandes rivières. Feu
Monsieur Hautin nous l'a appris : l'on fait tant
sonner les récompenses, qui ne sont en rien
égales à la perte, que de merveilles l'on a bien
tost dépendu en détail ce que l'on a receu en
gros ; en se voyant regarder de costé par celles à
qui l'on a manqué, qui, non contentes de se
jamais servir de vous, en dégoustent toutes les
autres, disant qu'il n'y a point d'attente à une
sage-femme qui fait estat d'aller aux champs.

C'est pourquoy, il faut faire toutes choses pour
le mieux, et en bien faisant ne rien craindre.

J'ai creu devoir vous donner tous les advis
susdits afin que vous n'ayez pas tant de peine à
recognoistre, comme j'en ay eu. Et surtout, te-
nez que la plus grande finesse qu'il y ait au
monde, c'est de n'estre point fine, craindre et
aymer Dieu sur toutes choses, et y mettre vostre
entière confiance, quoy qu'il arrive.

Depuis que le monde est, il y a tousjours eu
un grand discord entre la vérité et le mensonge ;
mais quelques subtilités que le mensonge aye pu
apporter contre la vérité, elle est demeurée victo-
rieuse, bien que les mensonges l'ayent souvent

terrassée pour un temps, la pensant estouffer. Mais, comme un corps céleste, elle s'est tousjours relevée, et en fin, a paru au dessus de tous les terrestres mensonges. Et tout cela par la grâce de Dieu, aux mains duquel vous aurez mis et remettrez la conduitte de toutes vos affaires.

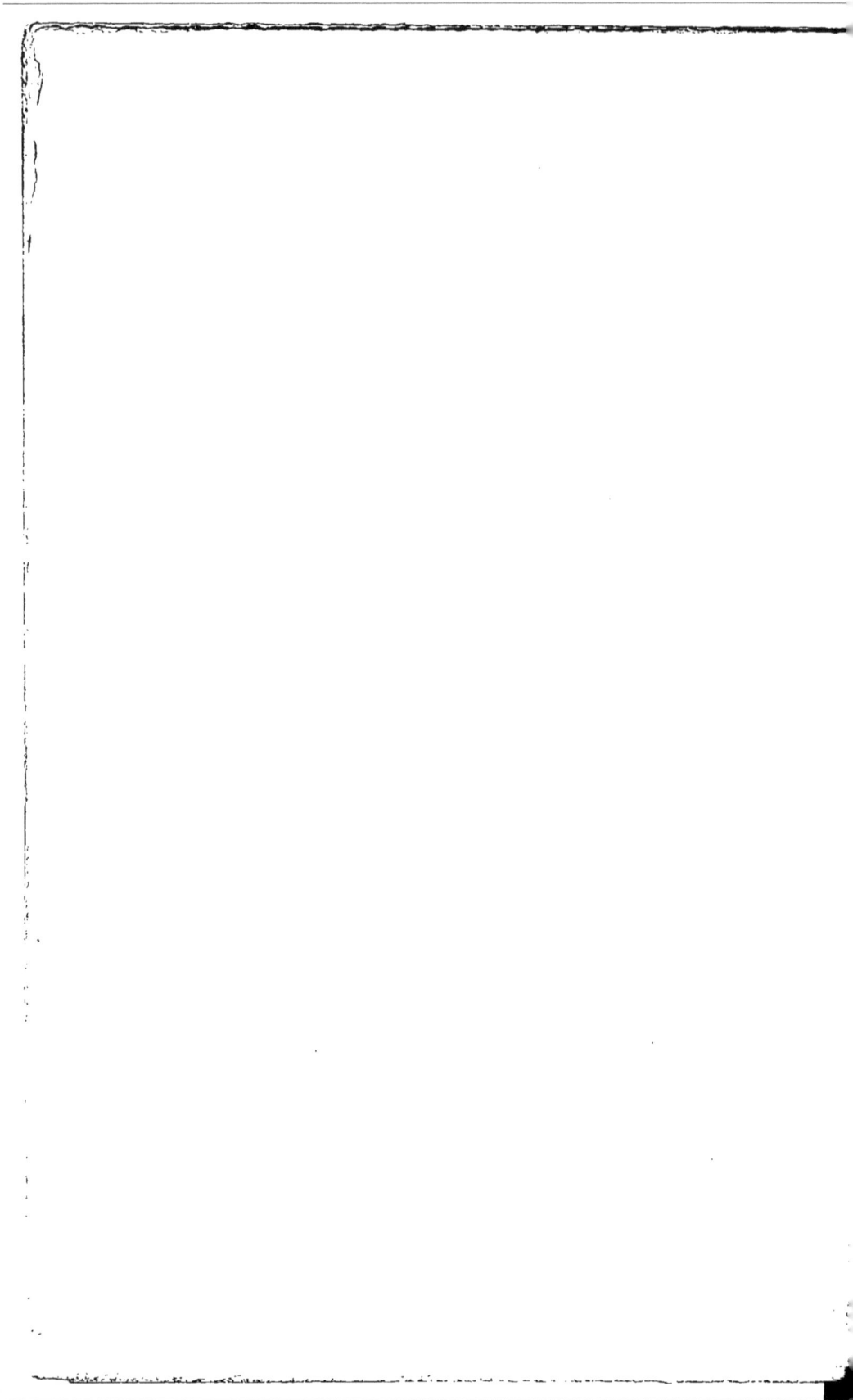

RECIT VERITABLE

DE LA

NAISSANCE

DE MESSEIGNEVRS

ET DAMES LES ENFANS

de France.

Auec les particularitez qui y ont esté,
& pouuoient estre remarquées.

PAR LOVYSE BOVRGEOIS, dite BOVRSIER,
Sage-Femme de la Royne Mere du Roy.

A PARIS

Chez HENRY RVFFIN, ruë Calandre,
à l'Image sainct Martin.

M. DC. LII.

INSI que les barricades (1) de cette ville, qui furent le commencement d'une douleur universelle par toute la France, et surtout pour le peuple de Paris, qui n'avoit jamais ressenty ce qu'il a fait depuis, et sur tous ceux des Fauxbourgs desquels nous estions, et si heureux chacun en son endroit, que nous n'eussions pour rien voulu eschanger nostre demeure à une belle de la ville, d'autant que le Faux-bourg Sainct Germain, entre autres, estoit remply de Princes et Princesses, Seigneurs et Dames, Pré-

(1) La journée des barricades est du 12 mai 1588.

sidens et Conseillers, et en suitte, de toutes
personnes de Justice, Marchands et de bons
artisans. Nous avions tout ce qu'avoient
ceux de la ville, et le bon air davantage,
avec la liberté des belles promenades.

Les troubles estant arrivés, nous le ra-
chetasmes bien cher, et surtout à la Tous-
sainct, la veille de laquelle je sçeus qu'un
de nos voisins, Officier du Roy, manda à sa
femme qu'elle retirast ses filles dans la ville,
avec le meilleur de ses meubles: d'autant
qu'il ne sçavoit quel désordre pourroient
faire les soldats (1), que l'on croyoit que le
Roy y entreroit la nuict prochaine (2). Je

(1) Cette crainte de désordres ne fut que trop jus-
tifiée. En effet, le mercredi 1er novembre 1589,
Henri IV, parti de Dieppe le 21 octobre, était venu
camper sur les six heures du matin, aux portes de
Paris. Il surprit les faubourgs, surtout celui de Saint-
Germain, qu'il envahit la nuit suivante. Le duc d'Ai-
guillon et Chatillon firent là un affreux carnage;
Chatillon, surtout, « qu'on disait s'être souvenu des
massacres de son père, et qui avait crié en entrant :
Saint-Barthélemy. » (PIERRE DE L'ÉTOILE.)

(2) Ce qui n'eut pas lieu; car le Béarnais fut obligé,

me servis de l'advertissement, et ma mère et moy, avec trois enfans que j'avois, nous retirasmes dans la ville, avec quelque peu de meubles ; d'autant que l'on ne pouvoit passer à la porte Sainct-Germain qu'à grand'peine, et mesme l'on trouvoit peu de gens pour porter les meubles (1).

Mon mary estoit à la guerre, chirurgien d'une compagnie ; j'avois laissé une vieille femme dans nostre maison, qui

faute d'artillerie, et n'ayant pu attirer le duc de Mayenne à une bataille, d'abandonner pour le moment le siége de Paris. Il avait à conquérir la Touraine, la Normandie, et devait auparavant gagner la bataille d'Ivry (14 mars 1590).

(1) Pour comprendre ce passage de Louise Bourgeois, il faut se rappeler qu'à cette époque l'enceinte de Paris ne s'étendait pas au-delà d'une ligne qui suivrait aujourd'hui le commencement de la rue Mazarine, du côté de la Seine, la rue Dauphine, la rue Contrescarpe, le passage du Commerce, la rue de Tournon, la rue des Fossés-Monsieur-le-Prince, la place Saint-Michel. Tout ce qu'on appelle de nos jours le *Faubourg* Saint-Germain n'était, en effet, qu'un *faux bourg* de la ville, en dehors de l'enceinte fortifiée. La porte Saint-Germain existait au confluent des rues du Paon et de l'École de Médecine; elle a été démolie en 1672.

avoit aussi la clef de celle de ma mère. La
nuict les faux-bourgs furent pris, et pillé
tout ce qui estoit de meilleur. Ainsy que
les gens du Roy en sortirent (1), la ville y
mit des Lansquenets en garnison, qui ache-
vèrent tout, jusques à la paille ; il n'y resta
jamais un baston de bois dont la plus part
des caves estoient plaines. Les Lansquenets estant sortis, l'on fit abattre pour
quinze mil livres de maisons (2), que mon
père avoit fait bastir sur le fossé de la porte
de Bussy, qui n'avoient esté que cinq ans
debout.

Nous demeurasmes sans biens que ce
peu que nous avions sauvé, dont nous
vivions, vendant tous les jours pièce à
pièce. Je me mis (pour, en me divertissant,
gaigner quelque chose) à travailler en
plusieurs sortes d'ouvrages, comme petit
poinct, petit mestier, broderie à jarretières,

(1) Ce fut le 3 novembre 1589.
(2) Quinze mille livres. Cela représente à peu près
80,000 francs de notre monnaie, suivant l'évaluation
de M. Leber.

avec des filles voisines du lieu où nous estions, auxquelles j'apprenois gratuite-tement les ouvrages que je sçavois faire, entre lesquelles estoit la fille d'une mienne amie, qui a eu l'honneur d'avoir nourry Madame de France, à présent Princesse d'Espagne (1).

Je passay tous les troubles à un mois près. Mon mary estant de retour, et voyant que nostre gain ne pouvoit satisfaire à nostre despence, je fis ce que je pû pour le faire résoudre à ce qu'avec passe port nous allassions à Tours d'où il estoit, pour ce que mon père et ma mère estoient morts (2),

(1) Élisabeth, fille de Henri IV, née le 22 novembre 1602; mariée à Philippe IV, roi d'Espagne; morte en 1644. Ses deux nourrices furent : Opportune Oudé, dite du Fot, première nourrice. (Gages : 1,200 liv.) Augustine Melluet, dite la Picarde, seconde nourrice. (Gages : 600 liv.) C'est donc d'une de ces femmes dont Louise Bourgeois entend parler.

(2) Charles Bourgeois. le père de notre sage-femme, mourut à Paris le 26 juillet 1589, et fut inhumé dans le cimetière de Saint-André-des-Arts. Avant l'incendie communarde, nous avons constaté le fait sur un des registres des paroisses de Paris.

lesquels auparavant nous n'avions pas voulu quitter. Nous n'y fusmes que quinze jours que ceste ville ne fust réduite à l'obeyssance du Roy (1).

Nous revinsmes donc. Une honneste femme, qui m'avoit accouchée de mes enfants, qui m'aymoit, me persuada d'apprendre à estre Sage-femme, et que si elle eust sçeu lire et escrire comme moy, qu'elle eust fait des merveilles ; que le cœur lui disoit que si je l'entreprenois, je serois en peu de temps la première de mon estat; que mon mary, qui avoit demeuré vingt ans en la maison de feu Maistre Ambroise Paré, premier Chirurgien du Roy (2), me

(1) La ville de Tours se rendit à l'obéissance de Henri IV le 21 novembre 1589.

(2) Ambroise Paré, le plus illustre des chirurgiens du xvie siècle, mourut le 22 décembre 1590, et fut enterré dans l'église Saint-André-des-Arts. Voici son acte de décès, tel qu'il a été relevé par nous sur un registre (brûlé aujourd'hui) de Saint-André-des-Arts :

« En ce jour, samedi 22 Decembre 1590, a esté enterré dans l'église Saint-André-des-Arcs, au bas

pourroit beaucoup apprendre. Je ne m'y pouvois résoudre quand je pensois à porter des enfans au baptesme. En fin, la crainte que jeus de voir de la nécessité à mes enfans, me le fit faire. Je me mis à estudier dans Paré, et m'offris à accoucher la femme de nostre crocheteur, et l'accouchis d'un fils qui estoit roüy par tout le corps, d'autant qu'il y avoit avec luy un demy seau d'eau. J'avais leu et retenu qu'il ne faut pas laisser dormir une femme qui vient d'accoucher, de peur qu'une foiblesse ne l'emporte à cause de l'évacuation. Je demeure seule; comme je remuois l'enfant (1), je parlois quelquefois à elle ; une fois elle ne me répondit point. Je mis l'enfant sur un oreiller à terre, et courus à elle, que je trouvay esvanoüye. Je cherchay du vinaigre et de l'eau, et la fis revenir à bonne heure.

De petites gens à autres, je fus employée

de la nef, près du clocher, Mre Ambroise Paré, premier chirurgien du Roy.

(1) Lisez : Comme je berçais.

grandement. Il y avoit force peuple retiré dans les Colléges; entre autres, au Collége de Bourgogne (1), près les Cordeliers (2), où il y avoit grand nombre de mesnages. Le premier enfant que je portay baptiser à Sainct-Cosme (3), il me sembloit que les murailles des Cordeliers me regardoient.

Je practiquai environ cinq ans avec pauvres et médiocres; au bout desquels je me fis recevoir Jurée à Paris (4). Il doit avoir

(1) Le collége de Bourgogne occupait l'emplacement de l'École de Médecine actuelle.

(2) L'église des Cordeliers, une des plus vastes de toutes celles de Paris, faisait face au collége de Bourgogne. C'est aujourd'hui l'hôpital des cliniques.

(3) L'église paroissiale de Saint-Côme est occupée en partie aujourd'hui par le Musée Dupuytren.

(4) Louise Bourgeois fut reçue sage-femme le 12 novembre 1598. D'après les statuts ou règlements de l'année 1560, et qui sont la charte constitutionnelle des sages-femmes de Paris, ces dernières étaient considérées comme faisant partie de la Confrérie de Saint-Côme, ce qui veut dire qu'elles étaient assimilées, jusqu'à un certain point, aux chirurgiens. Pour être sage-femme, il fallait, 1° que l'aspirante, munie d'un certificat établissant sa moralité, fût interrogée par un jury composé d'un médecin, de deux chirurgiens et de deux matrones du Châtelet; 2° qu'elle

à la réception d'une Sage-femme : un médecin, deux chirurgiens et deux Sages-femmes, qui estoient la dame Dupuis (1) et la

prêtât serment entre les mains du prévôt de Paris
ou du lieutenant criminel ; 3° qu'elle fût titulaire
d'une « lettre » ou diplôme, signé du greffier du
Châtelet, et revêtu du sceau de la prévôté de Paris.
Ce n'est qu'à ces conditions-là qu'une sage-femme
pouvait appendre au-devant de sa maison les emblê-
mes de son état : un tableau représentant soit une
femme portant un enfant et un petit garçon portant
un cierge, soit un berceau orné d'une fleur de lys.
Toute sage-femme en titre devait signaler à l'autorité
les femmes exerçant, sans y être autorisées, le métier
d'accoucheuses ; elle était invitée à faire appeler un
médecin, un maître chirurgien, ou une « ancienne
maîtresse, » toutes les fois que l'accouchement dé-
viait de la parturition normale. Tous les ans, un des
deux chirurgiens jurés au Châtelet était tenu de
démontrer aux matrones l'anatomie sur un cadavre
de femme. Un article remarquable défend aux sages-
femmes de rédiger des rapports (médico-légaux) que
leur demanderaient des femmes enceintes ; et cela,
par une bonne raison, c'est que « peu d'icelles » sa-
vaient lire. Enfin les noms de toutes les sages-femmes
de Paris étaient relatés sur un rôle ou catalogue, qui
était en la garde d'un des plus anciens chirurgiens de
Paris.

(1) Marguerite Thomas, dite Du Puy, était la plus
ancienne des sages-femmes de Paris ; elle avait été
reçue le 30 juillet 1576.

dame Péronne (1). Elles me donnèrent
jour pour les aller trouver ensemble. Elles
m'interrogèrent de quelle vacation estoit
mon mary ; ce que sçachant, elles ne vouloient pas me recevoir, au moins madame
Dupuis, qui disoit à l'autre :

— Par Dieu, ma compagne, le cœur ne
me dit rien de bon pour nous, puis qu'elle
est femme d'un Surgean (2) ; elle s'enten-
dra avec ces médecins comme coupeurs de
bources en foire. Il ne nous faut recevoir que des femmes d'artisans qui n'entendent rien à nos affaires.

Elle me disoit que mon mary me devoit
nourrir sans rien faire, et que si je faisois
autrement, il me faudroit brusler pour faire
de la cendre aux autres. Elles me tinrent
en telles longueurs, et avec tant de sots
propos, qu'un bel enfant que je nourris-
sois en mourut, de l'ennuy que surtout la

(1) Péronne Boyadan était, avec Maguerite Du Puy,
sage-femme-jurée au Châtelet ; elle y avait été nommée le 20 octobre 1576.
(2) *Surgean*, pour chirurgien.

Dupuis me donna. Je dis cela pour faire voir comment Dieu sçait venger ceux à qui l'on fait du mal, lorsqu'ils y pensent le moins. Cela se dira en son lieu. Ayant esté reçeüe de tout le reste, elle fut contraincte de me recevoir à grand regret.

Ayant esté reçüe, je continuois de practiquer, où je servis grand nombre de femmes, tant pauvres que médiocres, Dames que Damoiselles, et jusques à des Princesses.

Il ne se parloit par la ville que de la grossesse de la Royne, et que le Roy lui donnoit Madame Dupuis pour sage-femme, qui avoit servy Madame la Duchesse (1), ce qu'elle n'avoit guère agréable, et parce que Madame la Marquise de Guercheville (2), dame d'honneur de la Royne,

(1) Louise Bourgeois entend parler ici de Gabrielle d'Estrée, duchesse de Beaufort, qui ne donna pas moins de sept bâtards au Béarnais, et qui mourut subitement le 15 avril 1599.

(2) Antoinette de Pons, fille d'Antoine sire de Pons, comte de Marennes, chevalier de l'ordre du roi, et

s'en estoit servie. Aussi, elle la présenta à Sa Majesté par plusieurs fois, qui n'en fist point d'estat, et ne luy dit aucune chose. Jamais il n'entra dans mon entendement de penser à l'accoucher, si non que j'estimois bien heureuse celle qui en auroit l'honneur, et pensois au mal que Madame Dupuis m'avoit fait. A la vérité, je l'eusse plustost désiré à une autre qu'à elle.

Il arriva que la première femme de Monsieur le Président de Thou (1) fut malade, dont elle mourut. Elle m'aimoit et cognois-

de Marie de Montchenu. Veuve de Henry de Silly, comte de Rocheguyon, elle épousa, le 17 février 1594, Charles du Plessis, seigneur de Liancourt, marquis de Guercheville, et mourut le 16 janvier 1632. Henri IV tenta en vain de la compter au nombre de ses maîtresses, et c'est pour faire allusion à la vertu de la belle marquise qu'il avait l'habitude de dire d'elle : *Voilà une véritable dame d'honneur pour la Reine!*

(1) Jacques-Auguste de Thou, aussi célèbre comme magistrat que comme historien, mourut en 1617. Sa première femme se nommait Marie de Brabançon. Elle mourut en 1601, à l'âge de 34 ans, et fut enterrée à Saint-André-des-Arts.

soit dès long temps; mesmes m'avoit tenu une fille sur les fonts. Après que la consultation de la maladie de Madame de Thou fust faite, elle demanda à Monsieur Du Laurens (1) comment alloit de la santé de la Royne. Il luy dit que fort bien grâces à Dieu, mais qu'ils estoient en grand peine, Monsieur de la Rivière (2) et luy, touchant la Sage-femme que le roy désiroit qui accouchast la Royne; qu'ils sçavoient que la Royne ne l'avoit nullement agréable, et que, néantmoins, c'est la première pièce

(1) André du Laurens était alors premier médecin de Marie de Médicis. Ce savant homme, auteur d'un grand nombre d'ouvrages, naquit à Tarascon, le 9 décembre 1558; il devint docteur de Montpellier, professeur le 7 avril 1583, et mourut premier médecin de Henri IV, le 16 août 1609.

(2) Jean Ribbitz de La Rivière était, à cette époque, premier médecin de Henri IV, et avait succédé, dans cette charge, à Jean Dailleboust. Pierre de L'Étoile nous apprend la mort de La Rivière, lequel « trespassa en sa maison du faux bourg Saint-Honoré, à Paris, le samedi 5 novembre 1605, duquel on ne peut dire autre chose, sinon que le proverbe de *telle vie telle fin*, est failli en lui, et que c'est le bon larron que Dieu a regardé pour lui faire miséricorde. »

de l'accouchement que la Sage-femme agrée
à la femme qui accouche; qu'ils avoient
résolu de s'informer de quelqu'une qui fût
plus jeune, qui entendist bien son estat, et
fût pour partir avec Madame Dupuis, qui
estoit grandement fascheuse, afin que venant la Royne à accoucher, et continuant à
ne vouloir Madame Dupuis, que la seconde
l'accouchast. Il pria les médecins, qui ne
bougeoient de Paris, luy en vouloir enseigner une propre à cela. Ils étoient cinq
donc : Monsieur du Laurens, Messieurs
Malescot (1), Hautin (2), de la Violette (3)

---

(1) Michel Marescot, un des médecins de Henri IV.
Né à Lisieux le 10 août 1539, médecin de la Faculté
de Paris, qui lui donna le bonnet de docteur le 17 octobre 1568, et l'appela au décanat dans les années
1588 et 1589, ce médecin distingué mourut le 20 octobre 1606, et fut inhumé à Saint-Méry.

(2) Jean Hautain appartenait à l'École de Paris,
et mourut le 14 juin 1615. Selon Guy Patin, c'était
le praticien le plus en réputation à Paris, après
Duret et Simon Piètre. On a de lui plusieurs ouvrages.

(3) Sous ce joli nom, il aut voir Joseph Du
Chesne, plus connu sous le nom de Quercetanus

et Ponçon (1). Monsieur Hautin demanda à la compagnie si l'on 'auroit agréable qu'il en proposast une. Ils dirent qu'ouy. Il me nomma, et dit que j'avois plusieurs fois accouché sa fille d'accouchemens fort difficiles, et en sa présence. Monsieur Malescot dit qu'il l'avoit prévenu en me nommant. Monsieur de la Violette dit :

— Je ne la cognois point, mais j'en ay entendu dire du bien.

Monsieur Ponçon dit :

— Je la cognois fort bien ; il ne se peut faire meilleure eslection.

Monsieur Du Laurens leur dit qu'il me désiroit voir.

---

sieur de Moranie, de Lyserable et de la Violette. Du Chesne a composé un grand nombre d'ouvrages sur la médecine. De plus, Du Chesne était poète. Nous citerons, en particulier, son *Grand Miroir du monde*, imprimé en 1587, où l'auteur dévoile un talent incontestable.

(1) Pierre Ponson, natif d'Antibes. Docteur de la Faculté de Paris, il mourut à Paris, au mois de juillet 1633, et fut enterré à Saint-Méry.

Monsieur Ponçon s'offrist de l'accompagner chez nous en leur en retournant.

Madame De Thou me recommanda à luy de tout son cœur, en faveur de leur alliance.

Ils prirent la peine de venir chez nous. Monsieur Du Laurens me dit ce qui s'estoit passé entre luy et ces messieurs, et qu'ils feroient avoir agréable au Roy (s'il leur estoit possible), Monsieur de La Rivière et luy, d'avoir une seconde Sage-femme pour les causes susdites, et qu'il me promettoit que s'il y en avoit une seconde, ce seroit moy, qui en aurois grand profit et honneur; quand même la Royne se laisseroit accoucher par Madame Dupuis, qu'elle estoit vieille, que je luy succéderois; mais qu'on la tenoit pour mauvaise, qu'il falloit que j'en endurasse. Je luy dis que pour le service du Roy et de la Royne, je luy servirois de marchepied, le remercié et le supplié de me continuer l'honneur de sa bien-veillance. Il me dit que le service qu'il devoit à la Royne l'y obligeoit à cause du bon récit qu'il avoit entendu de moy, avec l'instante recommandacion de Madame de Thou.

Quand je vis que sans y avoir jamais pensé, un tel honneur se présentoit à moy, je creu que cela venoit de Dieu, lequel dit : *Aide-toi et je t'ayderai*, et pensay devoir avec mes amis faire ce que je pourrois pour faire agréer à Monsieur de La Rivière (1) que si le Roy avoit agréable qu'il y eust une seconde, que ce fût moy. Je prié une dame de mes amies de prier pour moy Madame de Loménie (2), qu'elle en voulût prier Monsieur de La Rivière, qui logeait devant sa porte; ce qu'elle fit de bon cœur. Il s'y employa au temps qu'il falloit.

Ayant asseuré mon affaire de ce costé là,

(1) Voir la note 2 de la page 65.
(2) Anne d'Aubourg, fille de Charles, seigneur de Porcheux, et d'Anne de Cléry. Elle épousa, en 1562, Antoine de Loménie, seigneur de la Ville-aux-Clercs, ambassadeur extraordinaire en 1595, et mourut le 8 avril 1603.

j'allay trouver Madame la Duchesse d'Elbeuf (1), que j'avois eu l'honneur d'accoucher, à qui je dis comme le tout s'étoit
passé. Elle en eut une grande joye, et me
dit qu'elle s'emploieroit pour moy de tout
son cœur en cet affaire là, et qu'elle le
désiroit avec passion, mais qu'elle n'en
n'eust osé parler que secrètement, craignant
de fascher le Roy, qui ne vouloit point que
la Royne en vist n'y entendist parler autre
que Madame Dupuis.

Gratienne (2), qui avoit esté à feu
Madame la Duchesse (3), en parla un jour
au Roy, attribuant la faute à Madame Dupuis de son dernier accouchement (4). Il

(1) Marguerite de Chabot, qui épousa Charles de
Lorraine, duc d'Elbeuf, grand écuyer et grand veneur
de France. L'enfant dont elle fut délivrée par Louise
Bourgeois fut sans doute Charles, qui, né en 1596,
devint gouverneur de Picardie, comte d'Harcourt, et
mourut le 5 novembre 1657.

(2) Une des femmes de chambre de Marie de
Médicis. Voyez la note de la page 100.

(3) Gabrielle d'Estrée.

(4) Gabrielle d'Estrée était grosse lorsqu'elle

s'en fascha, et dit que la première personne qui en parleroit à la Royne, qu'il luy monstreroit qu'il luy en desplairoit.

Madame d'Elbeuf m'envoya présenter par un de ses Gentils-hommes à Madame de Nemours, sa tante (1), lequel avoit charge d'elle de la supplier, si l'occasion s'en présentoit, de faire pour moy auprès de la Royne, qu'elle l'en supplioit de tout son cœur, et que sur le bon service que je luy avois rendu, elle luy assuroit qu'elle auroit honneur de s'en estre meslée. Madame de Nemours me reçut fort bien, et pria le Gentilhomme d'assurer Madame qu'elle ne perdroit l'occasion, pourveu que la Royne en

mourut subitement, chez la dame de Sourdis, sa parente, dans le Cloître de Saint-Germain-l'Auxerrois, le 10 avril 1599. Son corps ayant été ouvert, on trouva un fœtus dans l'utérus.

(1) Anne d'Est, comtesse de Gisors, veuve, en premières noces, de François de Lorraine, duc de Guise, et en deuxièmes, de Jacques de Savoie, duc de Nemours. On l'appelait la *Reine-mère*, parce que ses deux fils, les ducs de Guise et de Nemours, prétendaient se faire rois de France.

ouvrit le propos, mais que personne ne l'o-
soit ouvrir. Madame d'Elbeuf, voyant la
response de Madame de Nemours, se ha-
zarda, allant voir la Royne, qui luy demanda de sa couche, comme elle s'en estoit
trouvée. Elle luy dit que fort bien, et se
loüa surtout de sa Sage-femme. A quoy
la Royne presta l'oreille, et tesmoigna
prendre plaisir d'en entendre parler, luy
demanda qui elle estoit, de quel aage, et
de quelle façon. A quoy elle luy satisfit, et
me conseilla de penser par qui je pourrais
estre présentée, et qu'elle feroit tout ce
qu'elle pourroit au reste.

Le Roy et la Royne alloient ordinaire-
ment, une fois la semaine, manger au logis
de Monsieur de Gondy (1), où ils se reti-

---

(1) Il s'agit ici de l'*Hôtel de Gondi*, appelé plus
tard, *Hôtel de Condé*, et qui, bâti par Jean-Baptiste
de Gondi, premier maître-d'hôtel de Catherine de
Médicis, était situé dans le triangle formé par les
rues de Condé, Fossés-Monsieur-le-Prince et la place
de l'Odéon. C'est dans cette résidence que Marie de
Médicis vint descendre en arrivant à Paris (9 février 1601).

roient de l'importunité du peuple et des courtisans, et menoient personnes familières. Je pensay que Monsieur de Heilly, parrain d'une de mes filles, avoit depuis trois mois épousé la jeune fille de Monsieur de Gondy (1), et que par son moyen je pourrois parvenir à ce que je désirois. Je le suppliay donc de trouver bon que je fusse allée saluer Madame sa femme ; ce qu'il eut pour agréable. J'y fus donc, et trouvay une dame grandement courtoise, qui me fit toute sorte d'offices en faveur de Monsieur son mary.

A huict jours delà je retourne la voir, où je m'enhardis de la supplier de me vouloir tant de faire de bien que par son moyen je pusse estre présentée à la Royne, l'ors qu'elle mangeroit à l'hostel de Gondy. Elle

(1) Léonor de Pisseleu, seigneur de Heilly, épousa, en effet, dans le mois de juin 1601, Marie de Gondy, fille de Jérôme de Gondi, chevalier d'honneur de Marie de Médicis, introducteur des ambassadeurs, et de Louise Bonacorsi. Les Heilly, branche éteinte dès le xviiie siècle appartenaient à la maison de Créquy.

me dit qu'elle estoit extrêmement marrie
de ne pouvoir promettre cela, d'autant
qu'elle estoit mariée seulement depuis trois
mois, et que cela seroit trouvé mauvais
qu'elle prît la hardiesse de présenter une
Sage-femme à la Royne, au veu et au sceu
de tant de dames aagées et qui avoient eu
plusieurs enfans, mais que pour m'envoyer
quérir l'orsque la Royne iroit, qu'elle le
feroit bien, et que lorsque je serois entrée,
que je ferois ce que je pourrois. Une mienne
amie, qui avoit fort long temps logé Monsieur de Heilly chés elle, qui estoit avec
moy, luy dit :

— Madame, vous estes bien aimée dela
seignora Léonor (1), que la Royne aime
tant; vous ferez bien cela avec elle.

(1) Léonora Dori, dite Galigaï, fille de la nourrice de Marie de Médicis. Exemple terrible de l'in-
constance du sort : Cette malheureuse, mariée à Con-
cino Concini, maréchal d'Ancre, premier ministre de
Louis XIII, non-seulement vit son époux tomber,
par les ordres du roi, sous le poignard de Vitry
(24 avril 1617), et le cadavre de cet infortuné dé-
chiré en morceaux par la populace; mais elle-même,

— Il est vray, dit-elle, qu'elle l'aime voirement ; mais elle est aussi nouvelle mariée que moy; je crains qu'elle n'en oze parler; mais Dieu vous aydera. A la premiere veue de la Royne vous verrés ce qui se pourra faire.

Il arriva que la Royne, ayant accoustumé d'y aller souvent, fut bien quinze jours sans y aller. Madame de Heilly fut donc advertie comme le Roy et la Royne y devoient aller soupper, qui estoit un vendredi. Elle me le fit sçavoir, afin d'y aller dès le matin. Je prie donc ma dite amie de m'y acccompagner. Nous demeurasmes tout le jour. C'étoit environ le mois d'aoust (1). La Royne y arriva la première, sur les quatre heures, accompagnée de Madame la Duchesse de Bar (2), sœur

accusée de sorcellerie, fut brûlée vive en place de Grève, le 8 juillet 1617. C'est elle que Louise Bourgeois désigne souvent, dans son récit, sous le nom de *Conchine.*

(1) Année 1601.

(2) Catherine de Bourbon, sœur de Henri IV, ma

du Roy, avec mes Dames les Princesses, Dames d'honneur et d'atour. La Royne se promena dans les jardins jusques à sept heures du soir que le Roy arriva avec Monsieur le Duc de Bar et autres Princes. J'estois dans la chambre du sieur de Heilly. Je n'avois moyen de voir la Royne, d'autant que Madame la Marquise de Guerche-ville, Dame d'honneur, estoit toujours proche d'elle, laquelle s'estoit servie de la Dame Dupuis, sage-femme, et tenoit son parti proche de la Royne, pour le Roy, que personne, bien qu'il sceut que la Royne ne l'avoit pas agréable, n'en eust osé parler.

Ayant veu le Roy et la Royne entrer en la sale pour souper, estant assis à table, madite amie et moy y entrasmes avec l'un des gens de Monsieur de Heilly. La table estoit dressée en potence : au bout d'en haut, le Roy et la Royne y estoient, puis, les

riée en 1599 à Henri, duc de Lorraine et de Bar; elle mourut sans enfants, en février 1604.

Princes et Princesses, chascun selon leur rang, et surtout ceux de la maison de Guise ; les Seigneurs et Dames après.

A l'issue du souper la Royne fut conduite par le Roy sur le lict verd pour se reposer, accompagnée de Madame sa sœur. Le Roy demeure au milieu de la salle avec les Princes et Seigneurs, à raconter de plusieurs faits d'armes. Cependant, nous approchâmes de Madame Conchine et de Heilly, laquelle parla à ladite Dame Conchine de moy, comme j'estois élévatrice, qui est à dire sage-femme. Elle me regarda et fit plusieurs demandes, lesquelles me furent interprétées par la Dame de Heilly ; et de mesmes elle luy dit en Italien mes responces.

Environ les onze heures du soir venues, le Roy fut prendre la Royne par la main, et luy dit :

— Ma mie, allons nous retirer ; il est bien tard.

Et la conduit hors de la salle, suivis de

tous les Princes et Seigneurs, Princesses et Dames; de telle sorte que ceste mienne amie et moy demeurasmes seules dans la salle, nous regardant. Je luy dis :

— Allons-nous en aussi puisque le bonheur ne m'a tant voulu favoriser que j'aye peu estre veue de la Royne; cela a esté du tout impossible.

Sortant, nous vismes la Royne qui s'asseioit dans sa chaise, sur le perron, à l'entour de laquelle estoient six Pages de la chambre tenant des flambeaux avec six estafiers (1), qui avoient accoustumé de la porter, et les Dames de Conchine et de Heilly qui accommodoient sa robbe dans sa chaise. Je priay madite amie de parler à Madame de Heilly, à ce qu'elle ramenteut à Madame Conchine de parler à la Royne de moy, veu que le Roy, Princes et Princesses, Seigneurs et Dames, estoient tous

---

(1) Les estafiers étaient de grands laquais dont l'usage avait été emprunté à l'Italie.

entrés en carrosse, et que pas un ou deux
ne pouvoit voir.

Ce qu'elle fit.

La Royne dit à Madame Conchine, à ce
qui me fut dit :

— Que veux-tu que je face ? Le Roy
m'en veut donner une qui ne me plaist
pas ; mais il faut que je passe par là...

Madame Conchine luy dit :

— Madame, Vostre Majesté la peut voir,
que le Roy ne le sçaura pas ; vous n'avez
veu que ceste vieille qui ne vous agrée pas.

Il me fut donc commandé d'approcher,
que la Royne me vouloit voir.

Je fis la révérence à la Royne, qui me
regarda environ la longueur d'un pater ;
puis, commanda à ses estafiers de marcher,
tous les carrosses estant sortis, qui pou-
voient estre douze ou quinze. L'on portoit
la Royne. Après, Madame Conchine entra
dans le dernier carrosse, où Madame de
Heilly costoia la Royne, parlant à elle
jusques à la porte. Et moy, après, je

demanday à Madame de Heilly si la Royne ne luy avoit point parlé de moy. Elle me dit que non.

Le lendemain, environ une heure après midy, Madame de Heilly print la peine de passer devant nostre logis, et me fit appeler, et me dit :

Courage, Madame Boursier, il y a bonnes nouvelles pour vous. Je viens de prendre congé de la Royne pour aller en mon mesnage, où je n'ay pas encor esté. D'aussi loing qu'elle m'a veue, elle m'a demandé : « Qu'est-il de l'élévatrice que tu me monstras hier ? Que fait-elle ? » Je luy respondis : « Madame, elle est en ceste ville, en sa maison, qui attend de recevoir l'honneur de vos commandemens. » — « Asseurez-la que jamais autre qu'elle ne me touchera. »

Je fus le lendemain prendre congé de Madame de Heilly, qui m'asseura de re-chef de la bonne vollonté de la Royne. Monsieur de Heilly me faisoit l'honneur de me voir souvent, et me demandoit si je n'avois point rien appris touchant mon affaire.

Environ quinze jours après le partement de Madame de Heilly, il me vint voir et me dit qu'il estoit infiniment fasché, dont je ne servirois point la Royne. Je demeure fort estonnée, et luy demandaɪ comment il le sçavoit. Il me dit qu'il ne le sçavoit point autrement, sinon qu'il luy sembloit que si je l'eusse deu servir, que j'en eusse entendu d'autres nouvelles. Je repris courage & luy dis que s'il n'y avoit que cela je n'en désespérois point ; que l'on tenoit que le Roy alloit faire quelque voyage ; que peut-êtrc la Royne attendoit qu'il fut party, à cause qu'elle sçavoit bien qu'il eust tousjours désiré que c'eust esté Madame Dupuis qui l'eust accouchée.

Je n'entendois parler partout où j'allois que du partement de la Royne qui devoit aller à Fontaine-bleau faire ses couches ; que le Roy luy laissoit Madame sa sœur

6

pour une bonne et gaye compagnie (1), attendant son retour, lequel devoit estre avant son accouchement. L'on parloit aussi de l'appareil de Madame Dupuis, laquelle tenoit son voyage tout asseuré, en ayant eu parole du Roy & de Madame la marquise de Guerche-ville. Madame du But(2) espéroit que par ses amis, la Royne, ne voulant Madame Dupuis, elle pourroit entrer en la place.

Je ne disois mot de ce que j'avois eu l'honneur d'avoir esté veue de la Royne, ni de ce qu'elle avoit dit à Madame de Heilly. J'avois tout remis l'affaire à la volonté de Dieu.

La veille dont le Roy partit (3), il dit à la Royne :

— Et bien, ma mie, vous sçavez où je vois demain ; je retourneray, Dieu aidant,

(1) Catherine de Bourbon, sœur de Henri IV.

(2) Guillemette du Moustier, dite du But, fut reçue sage-femme en 1589.

(3) Henri IV partit de Paris pour se rendre à Calais, le dimanche 12 août 1606.

assés à temps pour vos couches. Vous par-
tirez après moy pour aller à Fontaine-bleau;
vous ne manquerés de rien qui vous soit
nécessaire. Vous aurez Madame ma sœur
qui est de la meilleure compagnie du
monde, qui recherchera tous les moyens
qu'elle pourra pour vous faire passer le
temps. Vous avez Madame la Duchesse de
Nemours (1), grande Princesse, superin-
tendante de vostre Maison, Madame la
Marquise de Guerche-ville, vostre Dame
d'honneur, Madame Conchine, vostre
Dame d'atour, Madame de Montglas (2),
qui sera gouvernante de l'enfant que
Dieu vous donnera, vos femmes de chambre ordinaires. Je ne veux point qu'il y ait
ny Princesse ny Dame autres que celles-là
à vostre accouchement, de peur de faire

(1) Anne d'Est, comtesse de Gisors, épousa en
secondes noces, Jacques de Savoie, duc de Nemours.
(2) Françoise de Longuejoue, baronne de Montglas, fut nommée gouvernante de Louis Dauphin
(Louis XIII), et quitta sa charge en 1609.

naistre des jalousies ; aussi, que ce sont autant d'advis, que cela trouble ceux qui servent. Vous avez Monsieur du Laurens, vostre premier médecin (1), le seigneur Guide, vostre médecin ordinaire (2), Madame Dupuis, vostre sage femme.....

— La Royne commença à branler la la teste, et dit :

— La Dupuis, je ne veux me servir d'elle.

Le Roy demeura tout estonné.

— Comment, ma mie, avés-vous attendu mon despartement pour me dire que vous ne vouliés pas Madame Dupuis ? Et qui voulez vous donc ?

— Je veux une femme encore assés jeune (3), grande et allègre, qui a accouché Madame d'Elbeuf, laquelle j'ay veüe à l'hostel de Gondy.

(1) *Voy.* la note 1, p. 65.
(2) Guido Guedi, un des medecins de Marie de Médicis. Il quitta sa charge en 1605.
(3) Louise Bourgeois avait alors 36 ans.

— Comment, ma mie ? Qui vous i`a faict voir ? Est-ce Madame d'Elbeuf ?

— Non, elle est venue de soy.

— Je vous asseure que mon voyage ny affaire que j'aye, ne me mettent en peine comme cela. Que l'on m'aille chercher Monsieur du Laurens.

Arrivé, le Roy luy dit ce que la Royne luy avoit dit, et la peine où il en estoit.

Monſieur du Laurens luy dit :

— Sire, je la cognois bien ; elle sçoit quelque chose ; elle est femme d'un chirurgien. Il y a long-temps que chascun sçoit que la Royne n'a pas pour agréable de se servir de Madame Dupuis; et mesme, je m'estois informé des bons médecins de ceste ville, s'il arrivoit que la Royne continuast à ne vouloir Madame Dupuis, quelle femme nous luy pourrions bailler avec elle, afin que venant au poinct, la seconde servist de première, n'osant dire à Vostre Majesté ce que nous sçavions de la volonté de la Royne, veu que vous dési-

riez que Madame Dupuis la servît. Ils
m'ont nommé celle-là.

— Qui sont les médecins qui l'ont nommée ?

— Ça esté Monſieur Malescot, qui est
le plus ancien de ceste ville ; Monsieur
Martin, qui a l'honneur d'estre à Vostre
Majesté ; Monsieur de la Violette, et Monsieur Ponçon.

Le Roi demanda :

— Où étiez-vous tous ?

— En une consultation que nous avons
faite pour la femme de Monsieur le Président de Thou, qui est fort malade.

— Ce n'est pas assez, dit le Roy. Allez
promptement la trouver, et qu'elle vous
nomme une douzaine de femmes de qualité qu'elle ait servies, sçavoir si elles s'en
contentent.

Monsieur du Laurens vint donc chés
nous dire le commandement qu'il venoit
de recevoir du Roy. Je luy escrivis environ
une trentaine de noms de femmes des der-

nières que j'avois accouchées et les plus
proches de nostre logis. Je le fis conduire par un de nos serviteurs chez six ou
sept qui estoient en couche, dont il y avoit
Madame Arnault, l'Intendante, Madamoiselle Perrot, la Conseillère, nièce de Monsieur du Fresne, Secrétaire d'Estat, Madamoiselle le Meau, femme de l'Intendant
de Monsieur de Rheims, Madamoiselle de
Pousse-Mote, femme d'un Secrétaire du
Roy, Madame Tessard, une riche marchande.

Il fut aussi parler à Madame la Duchesse
d'Elbeuf; puis retourna me dire qu'il estoit
deuement informé, et qu'il alloit bien ré-
joüir le Roy et la Royne, et me dit ce qui
s'estoit passé entre le Roy et elle à ce
sujet.

Sitost que le Roy fut party, la Royne luy
commanda de me venir trouver le lendemain matin, pour me commander d'estre
à son lever. Il m'avoit dit qu'estant à la
porte de la Royne, je demandasse la pre-

mière femme de chambre de la Royne,
nommée Madamoiselle de la Renoüillère (1)
et que je luy disse que j'allois là de sa part.

Elle me regarda et me dit :

— Ma mie, vous estes bien heureuse
d'avoir gaigné les bonnes grâces de la
Royne sans les avoir méritées.

La Royne étoit levée, qui l'appela :

— Renoüillère, qui y a-il là ?

— Madame, c'est vostre sage-femme que
vous avés choisie.

— Ouy, je l'ay choisie ; je la veux ; je
ne me trompay jamais en chose que j'aye
choisie. Qu'elle s'approche.

Elle me regarda, et se prit à rire, avec
une couleur vermeille qui luy vint aux
joües. Elle me dit que le lendemain je l'al-
lasse voir une heure plus matin pour la voir
au lit ; et craignant que je ne l'eusse enten-

(1) Françoise Frugelet, Damoiselle de la Renouil-
lère, première femme de chambre de Marie de Médicis,
nommée à cet emploi en 1601; elle ne le quitta
qu'en 1612. Elle couchait dans la chambre même de
la reine.

due, luy commanda de me le dire (1) ; et
aussi, que l'on allast commander au tapis-
sier de tenir un lict prest pour moy, et
qu'elle me dist que je tinsse mon coffre prest
pour partir avec elle dans trois ou quatre
jours ; cependant, que je ne manquasse,
tous les matins, de l'aller voir avant son
lever. J'eus aussi charge de ladite Damoiselle de tenir un garçon prest pour me servir, et qu'ayant appresté mon coffre, je
l'envoyasse à la garderobbe de la Royne
pour le faire charger avec l'autre bagage.

Je fus donc le lendemain, selon le commandement qui m'en avoit esté faict; où j'eus
l'honneur de voir la Royne au lict et parler a
elle, et luy dire mon advis sur l'enfant que je
croyois qu'elle auroit, à cause qu'elle me
le demanda. Elle désiroit de m'enhardir auprès de Sa Majesté, et faire que je la peusse
entendre, car elle m'entendoit fort bien.

(1) Marie de Médicis, depuis peu de mois en
France, ne connaissait pas très bien la langue fran-
çaise. De là cette réflexion de Louise Bourgeois.

Je fus advertie par Madamoiselle de la
Renoüillère, la veille du partement, d'aller
le lendemain à telle heure. Je fus mise
dans le carrosse de la Royne, dans lequel
estoient Madame la Marquise de Guerche-
ville, avec Madame Conchine, chascune à
une portière, et maître Guillaume, le fol
du Roy, que l'on mit du côté du co-
che. On me commanda de me mettre au
derrière. A la disnée, l'on me fist aller
trouver la Royne dans sa chambre, jusques
à ce qu'elle allast disner. L'on me mena disner avec les femmes de chambre ; puis,
l'après disnée, l'on me ramena dans la chambre de la Royne, où l'on me dit que je fisse
toujours ainsi.

Le voyage de Fontaine-bleau se fit en
deux jours. La couchée du premier
jour fut à Corbeil, en une hostellerie où il
n'y avoit qu'une meschante petite chambre
basse de plancher, bien estouffée, pour la
Royne. L'on mit coucher les femmes de
chambre et moy dans ce qui estoit marqué

pour cabinet de la Royne. Il n'y avoit entre son lict et le mien qu'une petite cloison de torchis. Le matin j'eus l'honneur d'estre à son réveil. Le disné fut à Melun au logis de Monsieur de la Grange-le-Roy, où il n'y avoit aucuns meubles; et, surtout, il n'y avoit que de grosses pierres au lieu de chenets. L'on avoit fait du feu; encor que ce fust sur la fin d'aoust, il ne faisoit pas trop chaud. Il avoit esté mis un fagot et trois grosses busches au feu. La Royne, qui y avoit le dos tourné estant debout, ces busches vinrent à s'esbouler, qui estoient extrêmement grosses. J'estois au costé du jambage de la cheminée. Je me jette à bas pour arrester une grosse busche ronde, qui alloit tomber sur les talons de la Royne, qui l'eust infailliblement fait tomber en arrière. Voila le premier service que j'eus l'honneur de luy rendre, et au Roy qu'elle portoit.

Arrivant à Fontaine-bleau, je suyvis la Royne en sa chambre, d'où je ne bougeois

qué pour manger et dormir. Madamoiselle
de la Renoüillère me dit de la part de Sa
Majesté, qu'arrivant son accouchement, je
ne m'estonnasse d'aucune chose que je
peusse voir; qu'il se pourroit faire que
quelques personnes faschées de cè qu'elle
m'avoit prise, me pourroient dire ou faire
quelque chose pour me fascher ou intimi-
der ; cela arrivant, que je ne me souciasse
nullement ; que je n'avois affaire qu'à elle,
et qu'elle n'entreroit jamais en doute de
ma capacité ; que je fisse d'elle ainsi que de
la plus pauvre femme de son royaume, et
de son enfant ainsi que du plus pauvre enfant (1).

Souvent la Royne me demandoit ce que
je pensois qu'elle deust avoir. Je l'asseurois
que je croyois qu'elle auroit un fils. Et véritablement je diray ce qui me le faisoit croire.
Je voyois la Royne si belle et avec un si

(1) Recommandation fort judicieuse, et bien propre
à affermir le sang froid et la présence d'esprit de l'accoucheuse.

bon teint, l'œil si bon, que, selon les préceptes que tiennent les femmes, ce devoit
estre un fils. Mais le plus fort et asseuré
jugement que j'en avois, estoit que Dieu
nous monstroit qu'il vouloit restaurer la
France, ayant rendu bon Catholique nostre
Roy, le maistre, marié, et la Royne grosse.
Voyant que tout cela estoit de grandes
œuvres de ses mains, je croyois qu'il les
parferoit nous donnant un Dauphin (1).

La Royne demeura environ un mois à
Fontaine-bleau avant le retour du Roy,
pendant lequel temps Madame, sœur du
Roy, faisoit tout ce qui luy estoit possible
pour désennuyer la Royne, et lui faire passer le temps (2). Elle faisoit des ballets ;
elle accompagnoit la Royne à la chasse,

(1) Est-il besoin de dire que la science ne possède
aucun moyen de reconnaître le sexe d'un enfant ren-
fermé dans le sein de la mère ! Notre accoucheuse le
savait bien ; aussi a-t-elle recours à la puissance d'en
haut pour exaucer les vœux du roi et de la reine.

(2) Catherine de Bourbon, sœur du Béarnais,
avait, en effet, le caractère fort gai, spirituel.

s'entend pour la voir : elle estoit dans sa litière, et Madame en son carrosse. Le premier jour qu'elles y furent, Madame voulut que j'entrasse dans son carrosse avec elle, de peur que la Royne, qui estoit sur son terme, n'eust besoin de moy ; ce que ne vouloit permettre Madame la Marquise de Guerche-ville. Tellement que j'étois là attendant que cela fust accordé entr'elles : Madame me commandoit d'entrer ; Madame de Guerche-ville me disoit : Ne le faites pas. Enfin, Madame le gaigna, et me fit dire par Madame de Guerche-ville que j'obéisse à Madame, où tout le long du chemin elle me parloit du désir qu'elle avoit de voir la Royne accouchée heureusement, me demandant ce que j'en pensois, quel enfant je croyois qu'elle auroit. Bien qu'elle eust désiré un Dauphin, l'espérance qu'elle avoit que Dieu en donneroit plusieurs au Roy et à elle, faisoit que la voyant bien accouchée, elle seroit extrêmement contente, quoy que ce fust, car elle l'aimoit parfaictement.

Je redoutois en moy-mesme que la
Royne n'eust des coliques en accouchant, à
cause que l'on m'avoit dit qu'elle avoit
mangé toute une quantité de glace, melons,
raisins, et alberges et pavis. Je suppliè Sa
Majesté de ne plus manger de melons. Elle
me le promit, pourveu que l'on ne luy en
servît plus. J'en priè son maistre d'hostel, et
mesmes je luy ramenteus souvent.

Huict jours avant l'accouchement, le Roy
arriva de Calais où il estoit allé, dont la
Royne, Madame, et toute la Cour furent
grandement réjoüies. J'en avois une joie meslée d'une crainte, à cause que je n'avois
point eu l'honneur d'avoir esté vüe de Sa
Majesté, et que je sçavois que tout ce qui
est du monde est incertain. Bien est vrai que
j'avois une grande confiance à la Royne,
qui me faisoit l'honneur de me tesmoigner
de la bienveillance. Pour ce jour, je ne fus
point l'après-dinée en la Chambre de la
Royne, à cause de l'arrivée du Roy. Le
lendemain, mon devoir fut de me trouver

à son réveil, comme j'avois de coustume, où après l'avoir veüe, je m'estois retirée à quartier.

Le Roy arriva qui demanda à la Royne :

— Ma mie, est-ce cy vostre sage-femme !
Elle dit qu'ouy.

Le Roy me voulant gratifier.

— Ma mie, je croy que elle vous servira bien ; elle m'a bonne mine.

— Je n'en doute point, ce dit la Royne.

Madamoiselle de la Renoüillère dit au Roy :

— La Royne l'a choisie.

— Ouy, dit la Royne, je l'ay choisie, et diray que je ne me trompay jamais en chose que j'aye choisie, ainsy qu'elle avoit desjà dit au Louvre.

Le Roy me dit :

— Ma mie, il faut bien faire ; c'est une chose de grande importance que vous avez à manier.

Je luy dis :

— J'espère, Sire, que Dieu m'en fera la grâce.

— Je te croy, dit le Roy.

Et s'approchant de moy, me dit tout plain de mots de gausserie (1), à quoi je ne luy fis aucune response. Il me toucha sur les mains, me disant :

— Vous ne me répondez rien ?

Je luy dis :

— Je ne doute nullement de tout ce que vous me dites, Sire.

C'estoit qu'estant aux couches de Madame la Duchesse (2), Madame Dupuis vivoit avec une grande liberté auprès du Roy. Le Roy croyoit que toutes celles de cet estat fussent semblables.

L'après disnée je retournay en la chambre de la Royne comme je soulois faire (3)

---

(1) C'est bien là le Béarnais ! Toujours galant .. même envers les sages-femmes...

(2) Gabrielle d'Estrées.

(3) Vieux mot françaís qui veut dire : « Comme j'avais coutume. »

avant l'arrivée du Roy; laquelle fut incontinent pleine de Princes et de Princesses, de Seigneurs et Dames, entre autres Monsieur le Duc d'Elbeuf, qui, me voyant, me vint parler et me dit :

— Ma bonne amie, j'ay une grande joie de vous voir ici.

Le Roy luy dit :

— Comment, mon cousin ? Vous cognoissez donc la sage-femme de ma femme ?

— Oui, sire. Elle a relevé ma femme, dont elle s'est bien trouvée.

Le Roy fut à l'instant dire à la Royne :

— Ma mie, voila mon cousin d'Elbeuf, qui cognoist vostre sage-femme. Il en fait estat; cela me réjouit, et m'en a donné de l'asseurance grande.

Le lendemain je fus au réveil de la Royne comme de coutume; laquelle me dit qu'elle croyoit avoir une fille à cause que l'on tient que les femmes grosses d'un fils maigrissent sur la fin de leur grossesse. Je luy dis qu'il n'y avoit règle si estroite où il n'y eust excep-

tion, et que cela ne me feroit point changer
d'advis.

Elle me dit :

— Si tost que je seray accouchée, je con-
noistray bien en vous voyant quel enfant ce
sera.

Je suppliai Sa Majesté de croire que en
me voyant il ne s'y pourroit rien cognoistre,
quoy que ce fust, d'autant qu'il estoit gran
dement dangereux à une femme venant
d'accoucher, d'avoir joye ni desplaisir qu'elle
ne fust bien délivrée, et que la joye et la
tristesse avoient un mesme effect, qui estoit
capable d'empescher une femme de délivrer;
que je la suppliois de ne s'en point informer;
que je ferois triste mine encor que ce fust
un fils, afin qu'elle ne s'en étonnast.

Le Roy entra sur l'heure, qui vouloit
sçavoir de quoy nous parlions. La Royne
luy dit de quoy. Le Roy respondit que si
c'estoit un fils, que je ne le dirois pas doucement, mais que je crierois tant que je
pourrois, et qu'il n'y a point de femme au

monde qui en une telle affaire, eust pouvoir de se taire. Je suppliai Sa Majesté de croire que je me sçaurois taire, puisqu'il y alloit de la vie de la Royne, qui estoit la chose principale, et, qu'outre ce, il y alloit de l'honneur des femmes, que j'estois obligée de soutenir, et qu'à l'effect Sa Majesté le cognoistroit. Madamoiselle de la Renoüillère, première femme de chambre de la Royne, dont j'ay ci-devant parlé, me demanda que je luy fisse un signal sitost que la Royne seroit accouchée, afin d'avoir l'honneur de·le dire la première au Roy. Le signal fut que la Royne estant accouchée d'un fils, je devois baisser la teste en signe que tout alloit bien ; si c'eust esté une fille, je la devois renverser en arrière. Gratienne (1) qui estoit une femme de cham-

(1) Gratienne Mareuil, femme de chambre de Marie de Médicis; entrée au service le 1er janvier 1601, pour le quitter en 1608. Elle avait 120 livres d'appointements. Elle fut remplacée par Louise Bourgeois.

bre de la Royne, me demanda aussi un signal; à laquelle je dis que je l'avois promis à Madamoiselle de la Renoüillère; que si elle sçavoit que je l'eusse donné à un autre, ne me le pardonneroit jamais. Elle m'aimoit et me parloit librement :

— Comment, dit-elle, serois-tu bien si beste de ne pouvoir contenter deux de tes amies à la fois? je sçais que tu dois de l'honneur à Madamoiselle de la Renoüillère à cause de son aage et de sa qualité, et à moi de l'amour à cause de celui que je te porte. Fais, au nom de Dieu, que j'aie le premier signal, afin que je l'aille dire au Roy.

Je luy dis que je ne sçavois de quelle façon j'en pourrois venir à bout sans estre aperçue de Madamoiselle de la Renoüillère. Elle me dit qu'elle ne vouloit point que je receusse de desplaisir en l'obligeant, et, pour faire qu'elle ne s'en aperçût, que je luy disse tout haut, sitost que la Royne seroit accouchée d'un fils : « Ma fille, chauffe-moi un linge. »

Le lendemain, estant au resveil de la
Royne, Sa Majesté me fit l'honneur de me
dire elle-même ce qu'elle m'avoit fait dire
par Madamoiselle de la Renoüillère, il y
avoit desja quelque temps, touchant la
confiance qu'elle avoit en moi, et que je ne
m'estonnasse d'aucune chose que l'on me
peut dire, ni de quelque mine que l'on me
fit, d'autant que je n'avois affaire qu'à elle.

Comment et en quel temps
la Royne accoucha.

L A nuict du vingt-septiesme septembre, à minuict, le Roy m'envoia appeler pour aller voir la Royne qui se trouvoit mal. J'estois couchée dans la garde-robe de la Royne, où estoient les femmes de chambre, où souvent pour rire, on me donnoit de fausses allarmes, me trouvant endormie; tellement que je croyois que ce fust de mesme m'entendant appeler par un nommé Pierrot, qui estoit de la chambre. Il ne me donna pas le temps de me lacer, tant il me hastoit. Entrant en la chambre de la Royne, le Roy demanda :

— Est-ce pas la sage-femme ?

On luy dit qu'ouy. Il me dit :

— Venez, venez, sage-femme, ma femme est malade. Reconnoissez si c'est pour accoucher, elle a de grandes douleurs.

Ce qu'aiant reconnu, je l'asseuray qu'ouy. A l'instant, il dit à la Royne :

— Ma mie, vous sçavez que je vous ay dit, par plusieurs fois, le besoin qu'il y a que les Princes du sang soient à vostre accouchement. Je vous supplie de vous y vouloir résoudre, c'est la grandeur de vous et de vostre enfant.

A quoy la Royne luy respondit qu'elle avoit tousjours esté résolue de faire tout ce qu'il luy plairoit.

— Je sçais bien, ma mie, que vous voulez tout ce que je veux ; mais je connois vostre naturel qui est timide et honteux ; que je crains que si vous ne prenez une grande résolution, les voiant cela ne vous empesche d'accoucher. C'est pourquoi, de rechef, je vous prie de ne vous estonner point, puis que c'est la forme que l'on tient au premier accouchement des Roynes.

Les douleurs pressoient la Royne, à chacune desquelles le Roy la retenoit, et me demandoit s'il estoit temps qu'il fist venir les Princes, que j'eusse à l'en advertir, d'autant que ceste affaire luy estoit de grande importance qu'ils y fussent. Je luy dis que je n'y manquerois pas lors qu'il en seroit temps.

Environ une heure après minuict, le Roy, vaincu d'impatience de voir souffrir la Royne, et croyant qu'elle accoucheroit, et que les Princes n'auroient pas le temps d'y venir, il les envoia quérir, qui furent : Messieurs les Princes de Conti, de Soissons, et de Montpensier (1). Le Roy disoit, les attendant :

(1) François de Bourbon, prince de Conti, marié, en 1605, à une fille du duc de Guise, et mort en 1614.
Charles de Bourbon, comte de Soissons, le plus jeune des fils de Louis I, prince de Condé. Né en 1556, mort en 1612.

— Si jamais l'on n'a veu trois Princes en grand'peine, l'on en verra tantost ; ce sont trois Princes grandement pitoiables et de bon naturel, qui, voiant souffrir ma femme, voudroient pour beaucoup de leur bien estre loin d'ici. Mon cousin le Prince de Conti, ne pouvant aisément entendre ce qui se dira, voiant tourmenter ma femme, croira que c'est la sage-femme qui luy fait du mal. Mon cousin le Comte de Soissons, voiant souffrir ma femme, aura de merveilleuses inquiétudes, se voiant réduit à demeurer là. Pour mon cousin de Montpensier, je crains qu'il ne tombe en foiblesse, car il n'est pas propre à voir souffrir du mal.

Ils arrivèrent tous trois avant les deux heures, et furent environ demie heure là. Le Roy ayant sçeu de moy que l'accouchement n'estoit pas si proche, les envoia chez

Louis II, duc de Montpensier ; marié en 1570 à Catherine-Marie de Lorraine, fille du duc de Guise assassiné devant Orléans.

eux, et leur dit qu'ils se tinssent prêts quand il les enverroit appeler. Monsieur de la Rivière, premier médecin du Roy, monsieur du Laurens, premier médecin de la Royne, monsieur Héroüard (1), aussi médecin du Roy, le seigneur Guide, second médecin de la Royne, avec monsieur Guillemeau (2), chirurgien du Roy, furent appelés pour voir la Royne, et aussi tost se retirèrent en un lieu proche.

Cependant, la grand'Chambre ou Ovalle de Fontaine-bleau (3), qui est proche de

(1) Jean Héroard, seigneur de Vaugrigneuse, premier médecin de Louis XIII, né à Montpellier en 1550, mort au siége de La Rochelle, le 8 février 1628. C'est lui qui, pendant vingt-sept ans, écrivit, avec une patience incomparable, le *Journal de la vie de Louis XIII,* qui forme, à la Bibliothèque nationale de Paris, six énormes volumes in-fol., et qui a été imprimé en partie dans ces dernières années.

(2) Jacques Guillemeau, chirurgien de Henri IV, élève du célèbre Ambroise Paré. Mort le 13 mars 1612.

(3) Nous avons eu la curiosité de visiter, à Fontainebleau, les appartements où se sont passées les scènes curieuses et naïvement décrites par Louise Boursier. Toutes ces pièces sont, à peu de choses

la chambre du Roy, estoit préparée pour
les couches de la Royne, où estoit un
grand lict de velours cramoisi rouge accommodé d'or. Etoient près le lict de travail
aussi, les pavillons, le grand et le petit,
qui estoient attachés au plancher et trous-
sés ; ils furent détroussés. Le grand pavillon
fut tendu ainsi qu'une tente par les quatre
coins, avec cordons; il estoit d'une belle
toile de Hollande et avoit bien vingt aulnes
de tour; au milieu duquel il y en avoit un
petit, de pareille toile, sous lequel fut mis
le lict de travail, où la Royne fut couchée au sortir de sa chambre. Les Dames
que le Roy avoit résolu qui seroient appe-
lées, furent mandées. Il fut apporté sous le
pavillon une chaise, des siéges plians, et des
tabourets pour asseoir le Roy, Madame sa
sœur, et Madame de Nemours. La chaise

près, dans l'ordre où elles se trouvaient sous Henri IV.
A la place même où Marie de Médicis a mis au jour,
sous le Grand-Pavillon, Louis XIII, on voit le jeune
roi représenté assis sur un dauphin, qu'il dirige au
milieu des eaux.

pour accoucher fut aussi apportée, qui estoit couverte de velours cramoisi rouge.

Sur les quatre heures du matin, une grande colique se mesla parmi le travail de la Royne, qui luy donna d'extrêmes douleurs sans avancement. De fois à autres, le Roy faisoit venir les médecins voir la Royne et me parler, auxquels je rendois compte de ce qui se passoit. La colique travailloit la Royne plus que le mal d'enfant, et mesme l'empeschoit. Les médecins me demandèrent :

— Si c'estoit une femme où n'y eust que vous pour la gouverner, que luy feriez-vous?

Je leur proposay des remèdes qu'ils ordonnèrent à l'instant à l'Apoticaire (1), lequel leur en proposa d'autres à la façon d'Italie, qu'il disoit qu'en pareil cas faisoient grand bien. Eux sçachant l'affection qu'il avoit au service de Sa Majesté, et que si le

(1) Cet apothicaire se nommait Jean Pangany. (Arch. gén. K.K. 88.)

remède ne faisoit tout le bien que l'on en espéroit, qu'il ne pouvoit faire aucun mal, le firent donner.

Il y avoit deux anciennes et sages Damoiselles Italiennes, qui estoient à la Royne, lesquelles avoient eu plusieurs enfans, et s'estoient trouvées à plusieurs accouchemens en leur païs. La Royne avoit eu pour agréable qu'elles se trouvassent à son travail pour luy servir comme ses femmes de chambre.

Les reliques de Madame Saincte Marguerite estoient sur une table dans la chambre, et deux religieux de Sainct-Germain-des-Préz, qui prioient Dieu sans cesse.

Le Roy dit qu'il ne vouloit que personne ne donnast son advis que les médecins, selon que je leur aurois proposé et que nous en serions convenus ensemble; tellement que je puis dire qu'en lieu du monde je n'ay eu telle tranquillité d'esprit pour le bon ordre que le Roy avoit apporté, et l'assurance que m'avoit donné la Royne. Il ar-

riva que pour combattre cette insupporta-
ble colique, il falloit plusieurs grands remèdes, à quoy la Royne ne résista nullement; car aussitost que le Roy ou les médecins luy en parloient, elle en estoit contente, pour désagréables qu'ils fussent, ne
voulant en rien se rendre coupable de ce
mal. C'est pour quoy plusieurs femmes
sont souvent cause, par leur opiniâtreté, que
les choses leur succèdent mal pour elles et
pour leurs enfans.

Le mal de la Royne dura vingt et deux
heures et un quart. Elle avoit une telle
vertu que c'estoit chose admirable. Elle dis-
cerna bien ses douleurs premières et les
dernières d'avec les autres, où estoit ceste
mauvaise colique, selon que je luy fis entendre. Pendant un si long temps qu'elle
demeura en travail, le Roy ne l'abandonna
nullement; que s'il sortoit pour manger, il
envoyoit sans cesse sçavoir de ses nouvelles.
Madame sa sœur en faisait de mesme. La
Royne craignoit, devant que d'accoucher,

que Monsieur de Vendosme (1) n'entrast en
sa chambre pendant son mal, à cause de
son bas aage, mais elle sentant le mal n'y
prit pas garde. Il me demandoit à toute
heure si la Royne accoucheroit bientost, et
de quel enfant ce seroit. Pour le contenter
je luy dis qu'oui. Il me demanda de rechef
quel enfant ce seroit. Je luy dis que ce seroit
ce que je voudrois.

— Eh quoi, dit-il, n'est-il pas fait ?

Je luy dis qu'oui, qu'il estoit enfant, mais
que j'en ferois un fils ou une fille ainsi qu'il
me plairoit.

Il me dit :

— Sage-femme, puisque cela dépend de
vous, mettez-y les pièces d'un fils.

Je luy dis :

— Si je fais un fils (Monsieur), que me
donnerez-vous ?

— Je vous donnerai tout ce que vous

(1) César, duc de Vendôme, fils aîné de Henri IV
et de Gabrielle d'Estrées, né en 1594. Il avait donc
alors à peu près six ans.

voudrez... Plus tost tout ce que j'ay.

— Je ferai un fils, et ne vous demande que l'honneur de vostre bien-veillance, et que vous me vouliez tousjours du bien.

Il me le promit et me l'a tenu.

Il arriva bien, pendant cette longueur de temps, que ceux que la Royne avoit jugé qui désiroient de me troubler, dirent quelque chose, et firent quelque mine; dont je ne m'estonnai non plus que de rien; d'autant que je voiois que veu le bon courage de la Royne, tout succéderoit à bien, et qu'elle se fioit en moy comme elle m'avoit dit.

Lorsque les remèdes eurent dissipé les coliques, et que la Royne alloit accoucher, je voiois qu'elle se retenoit de crier. Je la suppliay de ne s'en retenir de peur que sa gorge ne s'enfle. Le Roy luy dit :

— Ma mie, faites ce que vostre sage-femme vous dit : criez de peur que vostre gorge s'enfle.

Elle avoit désir d'accoucher dans sa

chaise, où estant assise, les Princes estoient dessous le grand pavillon vis-à-vis d'elle.

J'estois sur un petit siége devant la Royne, laquelle estant accouchée, je mis Monsieur le Dauphin dans des linges et langes dans mon giron, sans que personne sçeut que moi quel enfant c'estoit.

Je l'enveloppai bien.

Ainsi que j'entendois à ce que j'avois affaire, le Roy vint auprès de moy. Je regarde l'enfant au visage que je vis en une grande foiblesse de la peine qu'il avoit endurée. Je demande du vin à Monsieur de Lozeray, l'un des premiers valets de chambre du Roy. Il apporta une bouteille. Je luy demande une cuiller. Le Roy print la bouteille qu'il tenoit. Je luy dis :

— Sire, si c'estoit un autre enfant, je mettrois du vin dans la bouche, et luy en donnerois, de peur que la foiblesse dure trop.

Le Roy me mit la bouteille contre la bouche et me dit :

— Faites comme à un autre (1).

J'emplis ma bouche de vin et luy en soufflay. A l'heure même, il revint et savoura le vin que je luy avois donné.

Je vis le Roy triste et changé. S'estant retiré de moy, d'autant qu'il ne sçavoit quel enfant c'estoit (il n'avoit veu que le visage), il alla vers l'ouverture du pavillon, du costé du feu, et commanda aux femmes de chambre de tenir force linges et le lict prest. Je regarday si je verrois Madamoiselle de la Renoüillère pour luy donner le signal, afin qu'elle allast oster le Roy de peine. Elle bassinait le grand lict. Je vis Gratienne, à qui je dis :

— Ma fille, chauffez-moi un linge.

(1) Il est curieux de trouver ici un épisode analogue à celui qui marqua, deux cents ans plus tard, la délivrance de Marie-Louise. On sait les douleurs, les souffrances de l'impératrice pour donner le jour au roi de Rome. On sait encore que l'empereur, croyant apercevoir une légère hésitation dans la conduite de Dubois, l'accoucheur, lui dit pour le rassurer : « Docteur, faites comme s'il s'agissait d'une marchande de la rue Saint-Denis. »

Alors, je la vis aller gaye au Roy, lequel la repoussoit et ne la vouloit pas croire, à ce qu'elle me dit depuis. Il luy disoit que c'estoit une fille ; qu'il le connoissoit bien à ma mine. Elle l'asseuroit bien que c'estoit un fils, que je luy en avois donné le signal. Il luy disoit :

— Elle fait trop mauvaise mine.

— Sire, elle vous a dit qu'elle le feroit.

Il luy dit qu'il estoit vray, mais qu'il n'estoit pas possible qu'aiant eu un fils, je la peusse faire telle.

Elle luy répondit :

— Il est bien possible, puisqu'elle l'a fait.

Madamoiselle de la Renoüillère entra, qui vit le Roy se fascher avec Gratienne. Elle vint à moy ; je luy fis le signal. Elle me demanda à l'oreille ; je luy dis à la sienne que ouy. Elle détroussa son chaperon, et alla faire la révérence au Roy, et luy dit que je luy avois faict le signal, et mesmes luy avois dit à l'oreille.

La couleur revint au Roy, et vint à moy,
à costé de la Royne, et se baissa, et mit la
bouche contre mon oreille, et me demanda :

— Sage-femme, est-ce un fils?

Je luy dis qu'ouy.

— Je vous prie ! ne me donnez point de
courte joye; cela me feroit mourir.

Je développe un petit (1) Monsieur le
Dauphin, et luy fis voir que c'estoit un fils,
que la Royne n'en vit rien.

Il leva les yeux au ciel, ayant les mains
jointes, et rendit grâces à Dieu. Les larmes
luy couloient sur la face aussi grosses que
de gros pois. Il me demanda si j'avois fait
à la Royne, et s'il n'y avoit point de danger
de luy dire. Je luy dis que non, mais que je
suppliois Sa Majesté que ce fût avec le
moins d'émotion qu'il luy seroit possible. Il
alla baiser la Royne, et luy dit :

— Ma mie, vous avez eu beaucoup de
mal, mais Dieu nous a fait une grande grâce

(1) *Un petit,* pour *un peu.*

de nous avoir donné ce que nous luy avions demandé. Nous avons un beau fils.

La Royne, à l'instant, joignit les mains, et les levant avec les yeux vers le ciel, jeta quantité de grosses larmes, et à l'instant tomba en foiblesse. Je demanday au Roy à qui il luy plaisoit que je baillasse Monsieur le Dauphin. Il me dit :

— A madame de Montglas, qui sera sa gouvernante.

Madamoiselle de la Renoüillère le prit et le bailla à Madame de Montglas. Le Roy alla embrasser les Princes, ne s'estant pas aperçu de la foiblesse de la Royne, et alla ouvrir la porte de la chambre, et fit entrer toutes les personnes qu'il trouva dans l'anti-chambre et grand cabinet. Je crois qu'il y avoit deux cens personnes, de sorte que l'on ne pouvoit point se remuer dans la chambre pour porter la Royne dans son lict. J'estois infiniment faschée de la voir ainsi. Je dis qu'il n'y avoit aucune apparence de faire entrer ce monde cy, que la Royne ne fût accouchée. Le Roy m'entendit, qui me vint frapper sur l'épaule, et me dit :

— Tais-toy, tais-toy, sage-femme; ne te fasche point. Cet enfant est à tout le monde; il faut que chacun s'en réjouisse.

Il estoit dix heures et demie du soir, le jeudy, XXVII septembre mil six cens un, jour de Saint-Cosme et Saint-Damian, neuf mois et quatorze jours après le mariage de la Royne (67).

Les valets de la chambre du Roy et de la Royne furent appelés, qui portèrent la chaise près de son lict, auquel elle fut mise. Et alors, l'on remédia à sa foiblesse; et luy aiant rendu le service que je devois, je fus accommoder Monsieur le Dauphin, que Madame de Montglas me remit entre les mains, où Monsieur Héroüard se trouva (2), &

(1) D'après le Journal de Pierre de Lestoile, le mariage aurait été consommé à Lyon, le 9 décembre 1600, c'est-à-dire, 4 jours avant l'époque assignée par L. Bourgeois.

(2) Premier médecin du jeune Dauphin. *Voy*. la note 1, p. 107.

commença de là à le servir. Il me le fit la-
ver entièrement de vin et d'eau, et le regarda par tout avant que je l'emmaillotasse.
Le Roy amena les Princes et plusieurs Seigneurs le voir. Pour tous ceux de la Maison
du Roy et de la Royne, le Roy leur faisoit
voir & puis les envoioit pour faire place
aux autres. Chacun estoit si réjouy qu'il ne
se peut exprimer ; tous ceux qui se rencon-
troient s'embrassoient sans avoir égard à ce
qui estoit du plus ou du moins. J'ay entendu
dire qu'il y eust des dames qui, rencontrant
de leurs gens, les embrassèrent, estant si
transportés de joye qu'elles ne sçavoient ce
qu'elles faisoient.

Ayant achevé d'accommoder mon dit Seigneur, je le rendis à Madame de Montglas,
qui l'alla monstrer à la Royne, qui le vit de
bon œil, et par son commandement fut conduit en sa chambre par ma dite dame de
Monglas, Monsieur Hérouard, et toutes les
femmes qui devoient estre à luy : où, aussitost qu'il y fut, sa chambre ne désemplissoit

nullement. N'estoit qu'il estoit sous un grand
pavillon où l'on n'entroit pas sans l'adveu
de madite dame de Montglas, je ne sçay
comment l'on eût pu faire : le Roy n'en
avoit pas sitost amené une bande de personnes qu'il en ramenoit une autre. L'on me
dit que par les bourgs, toute la nuict, ce ne
fut que feux de joie, que tambourgs et trom-
pettes, que tonneaux de vin défoncés pour
boire à la santé du Roy et de la Royne, et
de Monsieur le Dauphin. Ce ne furent que
personnes qui prirent la poste pour aller en
divers païs en porter la nouvelle, et par
toutes les provinces et bonnes villes de
France.

A l'instant que la Royne fut accouchée,
le Roy fit dresser son lict attenant du sien,
où il coucha tant qu'elle se portast bien. La
Royne craignoit qu'il n'en reçut de l'in-
commodité, mais il ne la voulut jamais
abandonner.

Je trouvay le lendemain après-dîner
Monsieur de Vendosme, qui estoit seul

à la porte de l'anti-chambre, qui tenoit la tapisserie pour passer dans le cabinet par où l'on passoit pour aller chez Monsieur le Dauphin, et estoit arresté fort étonné. Je luy demanday :

— Hé quoi! Monsieur, que faites-vous-là!

Il me dit :

— Je ne sçay. Il n'y a guères que chascun parloit à moy... Personne ne me dit plus rien!

— C'est, Monsieur, que chacun va voir Monsieur le Dauphin qui est arrivé depuis un peu. Quand chascun l'aura salué, l'on vous parlera comme auparavant.

Je le dis à la Royne, qui en eut grand pitié, et dit :

— Voila pour faire mourir ce pauvre enfant!

Et commanda que l'on le caressât autant ou plus que de coustume.

— C'est que chacun s'amuse à mon fils,

et que l'on ne pense pas à luy. Cela est bien estrange à cet enfant (1).

La bonté de la Royne a toujours été merveilleusement grande.

Le vingt-neufviesme du dit mois, je fus pour voir Monsieur le Dauphin. Son huissier Bira m'ouvrit la porte. Je vis la chambre pleine. Le Roy, Madame sa sœur, les Princes et Princesses y estoient, à cause que l'on vouloit ondoier Monsieur le Dauphin. Je me retiray. Le Roy m'aperçut et me dit :

— Entrez, entrez ; ce n'est pas à vous à n'oser entrer...

Il dit à Madame et aux Princes :

— Comment! J'ay bien veu des personnes, mais je n'ay jamais rien veu de si résolu, soit homme soit femme, ni à la guerre ni ailleurs, que cette femme-là. Elle tenoit mon

(1) Voilà une réflexion dont on saura gré à Marie de Médicis, qui ne pouvait guère aimer le bâtard de son époux, et qui, pourtant, est prise de pitié pour cet enfant.

fils dans son giron, et regardoit le monde avec une mine aussi froide que si elle n'eust rien tenu. C'est un Dauphin, qu'il y a quatre-vingts ans qu'il n'en estoit né en France (1).

Sur ce je luy répliquay :

— J'avois dit à Vostre Majesté, Sire, qu'il y alloit beaucoup de la santé de la Royne.

— Il est vray, ce dit le Roy. Je ne l'ay aussi dit à ma femme qu'après que tout a esté faict, et si la joie l'a fait esmouvoir, jamais femme ne fit mieux qu'elle a faict. Si elle eût faict autrement, c'étoit pour faire mourir ma femme. Je veux dorénavant vous nommer *ma résolue*.

Le Roy me fit l'honneur de me demander si je voulois estre la remueuse de Monsieur le Dauphin, et que j'aurois pareils gages que la nourrice. Je fis supplier Sa Majesté d'avoir agréable que je ne quitasse

(1) Le Béarnais fait ici allusion à Henri, fils de François Ier, né le 31 mars 1518, et qui est devenu Henri II.

pas l'exercice ordinaire de sage-femme, pour me rendre toujours plus capable de servir la Royne; qu'il y avoit là une honnête femme qui l'entendoit fort bien (1).

Je demeuray auprès de la Royne pour la servir en sa convalescence, environ un mois. Puis, huict jours après, attendant le retour de Sa Majesté à Paris, qui m'avoit fait commander de l'attendre.

(1) Cette *remueuse* ou berceuse, à laquelle fait allusion Louise Bourgeois, se nommait Geneviève Robert, dite madame Bélier. Elle avait 340 liv. de gages.

Des Couches de la Royne, de Madame Eliʒabeth, première Fille de France (1).

L A Royne estant grosse de Madame sa fille aisnée, alla à Fontaine-bleau pour y faire ses couches, et partit en octobre de Paris (2), après la moitié du mois; où estant arrivée, l'on avoit veu quantité de nourrices qui importunoient tellement le Roy et la Royne, et tout le monde, que leurs Majestés en remi-

(1) Elisabeth de France épousa, en 1615, Philippe IV, roi d'Espagne.
(2) Année 1602.

rent l'élection à Fontaine-bleau, où il ne
manqua d'en venir de tous costés. L'on
attendit proche de l'accouchement de la
Royne, à en faire l'élection.

Il vint un homme, lequel avoit envoié sa
femme pour estre nourrice; laquelle avoit
une petite fille fort délicate et menüe; la
femme estoit bien honneste et de gens de
bien; en faveur de quoy il se trouva des
plus signalés Seigneurs de la Cour qui en
parlèrent d'affection aux médecins. Ce fut
une affaire qui me donna bien de la
peine.

Elle logea chez une de mes amies,
laquelle s'employa de bon cœur pour elle.
Elle me prioit aussi d'y faire ce que je pourrois. Je voyois son enfant extrêmement
menüe; mais elle estoit appropriée à son
advantage, de sorte que la har paroit le
fagot. Quand l'on m'en parloit, je ne pouvois respondre gayement, à cause que sa
nourriture ne m'agréoit guères.

Je fus un jour, comme j'avois de coustume, la voir, où j'entendis nommer cette nourrice du nom de son mari. Je me souvins que c'estoit le nom d'un jeune homme que mon mari avoit traité de la vérolle, lequel avoit voulu sortir sans attendre qu'il eust esté guéri (1). Il dit à mon mari qu'il estoit guéri, qu'il se sentoit bien, et qu'il vouloit prendre l'air et se fortifier pour se marier. Mon mari lui remontra ce qui en pouvoit arriver. Il s'en moqua, et luy dit : Je suis content de vous.

A trois ou quatre années de là, je vis quelqu'un de la ville où il estoit; j'en demanday des nouvelles, sçavoir s'il estoit marié. L'on me dit qu'il y avoit longtemps, dès son retour de Paris, mais qu'il y avoit un malheur en son ménage; que sa femme avoit desja eu deux ou trois enfans qui sortoient tous pourris de son ventre. Je me souvins que mon mari luy avoit dit qu'il

(1) Il faut se rappeler qu'à cette époque les chirurgiens avaient l'habitude de recevoir des malades comme pensionnaires chez eux.

n'estoit pas guéri, et que s'il se marioit, qu'il en arriveroit ainsi.

Je fus bien empeschée, et eusse voulu ne l'avoir jamais veüe. Cette mienne amie s'aperçut que j'avois changé de couleur; elle me pressoit de luy en dire la cause. Je ne voulois pas. Elle m'y força par ses prières, et luy dis que je ne me trouverois pas à l'élection des nourrices, pour n'en dire ny bien ny mal; qu'elle me faisoit grand pitié, parce qu'elle ne sçavoit pas quel estoit son mal; cependant, que si l'on la retenoit, je le dirois; que si elle n'estoit retenue je n'en parlerois point, et la laisserois retourner en son païs.

Elle fut retenue, et aussi tost on fit estat de renvoier toutes les autres. C'estoit l'heure du disner. Je fis chercher monsieur du Laurens (1), lequel estoit allé disner en compagnie. Comme je vis qu'il ne se trouvoit point, et qu'il n'eust pas esté à pro-

(1) Premier médecin de la reine. Voir la note 1, p. 65.

pos de le dire quand les autres nourrices eussent esté renvoyées, je priay Madamoiselle Cervage, femme de chambre de la Royne, de luy aller dire de ma part. Ce qu'elle fit; laquelle luy dit :

— Allez dire à la sage-femme qu'elle m'a aujourd'hui rendu un bon service; que si je l'eusse sçeu d'une autre personne que d'elle, que je ne l'eusse jamais voulu voir, et que je luy en sçay bon gré.

La Royne le dit aussitôt au Roy, lequel dit tout haut que des nourrices venoient de loin pour le tromper devant tout le monde. Il envoya chercher Monsieur du Laurens et les autres médecins, lesquels me vindrent trouver pour sçavoir la vérité, et comment je vérifierois cela. Je leur dis le tout, et que pour preuve il y avoit un valet de chambre de Monsieur de Beaulieu-Ruzè, qui, demeurant en nostre logis, l'avoit aydé à penser, qui en pourroit dire la vérité, & un autre qui estoit chirurgien à Auxerre, qui avoit esté en mesme temps chez nous.

Comme cela fut vérifié, l'on fit une autre élection de nourrices (1).

J'estois infiniment faschée du mécontentement de cette femme-là; mais le service que je devois à leurs Majestés estoit tout autre chose.

J'escrivis par la poste à mon mari comment les choses s'estoient passées.

Le mari de cette femme, qui n'avoit osé aller à Fontaine-bleau, d'autant que trois ou quatre officiers du Roy de la ville d'où elle estoit, l'estoient venu voir chez nous, qui sçavoient son mal, lesquels attendoient, à ce que l'on dit, si je ne l'eusse dit, pour le dire. Il craignoit qu'ils en parlassent avant l'affaire faicte. Il estoit tenu autour de Fontaine-bleau. Il fut aussitost à Paris, où il alla essayer de surprendre mon mari. Il l'alla

(1) Les deux nourrices données à Élisabeth de France furent : Première nourrice, à 1,200 liv. de gages, Opportune-Oudé, dite du Fot.

Seconde nourrice, à 600 liv. : Augustine Melluet, dite la Picarde.

saluer et caresser. Mon mari s'estonnoit
de cela, veu que je luy avois mandé. Il
luy dit :

— Monsieur, j'ay bien besoin de vostre
aide; vous sçavez comme il y a tant de
temps que je fus pensé chez vous. Il y a un
riche marchand de nostre ville qui m'a ap-
pellé vérollé. Il y a longtemps que nous
plaidons ensemble. Il faut qu'il me ruine
ou que je le ruine. Si vous voulez tant
m'obliger de me faire un rapport (1.),
comme je n'ay pas efté pensé chez vous
que d'un petit ulcère non malin que j'avois
à la jambe, je vous donneray ce qu'il vous
plaira.

Mon mary luy dit qu'il sçavoit bien que
cela n'estoit pas ainsi; que pour rien il ne
feroit une fausseté. Il le fit prier, puis
menacer. En fin, le fit assigner devant le
Lieutenant civil Miron (2) pour luy déli-

(1) Rapport ou certificat médico-légal.
(2) François Miron, petit-fils d'un médecin de
Charles IX. Il fut lieutenant civil et prévôt des mar-

vrer rapport. Mon mary ne croiant pas qu'il deust insister, ne comparut point sur les deux premières assignations. Il fit dire qu'il y seroit condamné par corps et mené sans scandale. Il fut donc mené par deux sergents, où il fut fort tancé d'avoir refusé rapport à cet homme, qui disoit estre icy retenu pour cela protestant tous despens, dommages et intérests contre luy. Monsieur le Lieutenant civil donna du papier et de l'encre, et commanda à mon mary de luy délivrer sur l'heure un rapport. Mon mary demanda s'il n'entendoit pas un rapport véritable. Monsieur le Lieutenant luy dit qu'ouy. Mon mary luy en donna un tout cacheté, et demanda à l'autre s'il tenoit mon mary pour homme de bien, et s'il le croiroit pas en son rapport. Il dit qu'ouy, ne pouvant faire autrement. Il fut ouvert,

chands sous Henri IV, et mourut en 1609. Paris lui doit une partie de ses embellissements, entre autres la façade de l'Hôtel de Ville, pour la construction de laquelle il abandonna ses appointements.

où Monsieur le Lieutenant vit le mal, et sçeut comment tout s'estoit passé. Monsieur le Lieutenant luy dit honte, et le força de signer le rapport de mon mary, à cause de sa témérité. Nous le gardons.

Il ne se peut dire les médisances et meschancetés qu'eux et les leurs nous ont faites et font tous les jours à ce sujet. Il vaut bien mieux que nous en ayons du mal, qu'il fust arrivé mal à Madame. L'on n'a pas tousjours du bien pour bien faire, sur l'heure ; le temps amène tout.

Sa Majesté accoucha le Vendredy, vingt-deuxiesme novembre, mil six cents deux, à neuf heures et demie du matin. Elle croioit avoir un fils ; tellement que quand elle sçeut que c'estoit une fille, elle en fut estonnée, à cause qu'elle pensoit que le Roy en seroit fasché. Mais il n'en fit aucune mine. Tant s'en faut : Il consoloit la Royne, et luy disoit que Dieu sçavoit bien ce qu'il leur falloit ; qu'il estoit nécessaire de faire des alliances en Espagne et en Angleterre.

La Royne accoucha heureusement, sans colique ; car elle s'estoit empeschée, estant grosse, de manger chose qui luy peust faire mal, ny à l'enfant, à cause de son premier accouchement qui avoit esté si rude.

La Royne accoucha dans son lict de travail, dans sa chambre qui regardoit son petit jardin, à costé de la chambre en Ovalle, comme j'ay dit parlant de la naissance du Roy. Çont tousjours esté les mesmes meubles de couche qui luy ont servy. Il ne se trouva personne que les Médecins, mes Dames de Guerche-ville, Conchine, de Montglas, avec les femmes de chambre. Je demeuray à servir Sa Majesté pendant sa couche comme j'avois fait à celle du Roy, et retourné au train comme j'avois faict l'autre fois.

L'Accouchement de la Royne, de Madame Chrestienne (1).

A Royne demeura à Paris pour faire ses couches, à cause de l'hyver. Sa Majesté me fit commander d'aller coucher au Louvre bien cinq semaines avant son accouchement, qui fut le vendredy dixiesme febvrier mil six cents six à deux heures après midy, et qui fut dans sa chambre ordinaire du Louvre. La Royne a accouché de tous ses enfants, commençant au Roy, d'un gros et d'un menu.

(1) Chrétienne ou Christine de France épousa, en 1616, Victor IV, duc de Savoye.

Le Roy estoit assez puissant ; Madame, fille aisnée, estoit menuë ; et Madame Chrestienne estoit puissante. La Royne en fut plus malade. Elle en accoucha dans sa chaise, ainsy qu'elle avoit fait du Roy. Plusieurs personnes croioient que ce seroit un fils, à cause qu'elle avoit demeuré quatre ans sans avoir d'enfans. Je diray avec vérité que le Roy consola encore la Royne sur les alliances, et ne tesmoigna jamais d'en estre fasché. Il alloit souvent voir Madame, tout de mesme que si c'eust esté un fils, et n'en pouvoit parler avec trop d'affection à la Royne, à son gré comment il la trouvoit belle.

Les couches de la Royne se passèrent heureusement, pendant lesquelles je reçeus un honneur de Sa Majesté.

Un jour que Madame Conchine estoit auprès d'elle, j'approchay pour luy rendre quelque service. J'avois pris ce jour là un manteau de chambre neuf. La Royne me dit :

— Hé! Sage-femme, te voilà brave! Cela me plaist!

Madite Dame luy respondit :

— Madame, vous avez agréable de la voir bien; vous la pouvez bien mettre.

— Ouy. Mais je voudrois qu'elle eust quelque chose qui la fit recognoistre pour estre à moy, que les autres n'osassent porter.

— Madame, vous luy pouvez faire porter le chaperon de velours, ainsy qu'à vos nourrices. Pas une autre n'en oseroit porter.

— Il est vray, ce dit la Royne. J'ay regret que je ne m'en suis advisée plustost.

Et sur l'heure, commanda à Monsieur Zocoly, son tailleur, d'aller à l'argenterie quérir du velours pour me faire des chaperons.

Voilà comment j'ay esté la première sage-femme qui l'a jamais porté (1). Elles por-

(1) Louise Bourgeois s'est fait représenter avec cet appendice sur la tête, signe de la charge qu'elle occupait à la cour. (Voir notre gravure.)

toient, à ce que m'ont dit personnes qui ont cogneu celles de la Royne Mère du Roy Henry troisiesme, le colet de velours et la grosse chaisne d'or au col. La Royne dont je viens de parler, en a eu deux : sa première mourut; elle en reprit une autre. J'ay eu l'honneur que femme du monde n'a touché la Royne que moy pour l'accoucher ny pour la garder. S'il eust plu à Dieu nous garder nostre bon Roy, j'eusse espéré la servir de tout ce qui luy eust pleu luy donner.

L'Accouchement de la Royne,
de Monsieur le Duc d'Orléans (1).

A Royne partit de cette ville environ la mi-Mars (2), pour aller
à Fontaine-bleau faire ses couches. Ainsi qu'elle se promenoit
dans sa belle galerie, environ sur les cinq
heures du soir, elle sentit une grande dou-

(1) Cet enfant, désigné ici, par Louise Bourgeois,
sous le titre de duc d'Orléans, n'eut réellement pas
de nom. Il mourut le 16 novembre 1611, âgé d'environ quatre ans et demi. Son corps fut porté à Saint-
Denis, près de celui de son père, son cœur aux Célestins de Paris, et ses entrailles dans l'église de Saint-
Germain-en-Laye.

(2) Année 1607.

leur qui la fit promptement retourner dans
sa chambre, où d'autres grandes douleurs
la prirent, sans qu'elle put permettre qu'on
l'eust déshabillée. Elle en eut environ quatre presque insupportables. L'on appela les
tapissiers et femmes de chambre, qui ache-
vèrent de tout accommoder.

La Royne fut mise dans son lict de travail à la manière accoustumée, duquel elle
se levoit quand il luy plaisoit. Après ces
pénétrantes douleurs, elle demeura bien
trois heures sans douleurs.

Le Roy se trouvoit mal, qui se coucha
dans le grand lict de la Royne, et m'appela
pour sçavoir comment il alloit de son travail. Je luy dis que je ne l'avois point
encore recogneu ; que lors que je le sçaurois,
je luy dirois ce qui en seroit lors que les
douleurs l'auroient reprise ; que c'estoit bien
pour accoucher, mais que je ne pouvois dire
si l'enfant alloit bien encore. Lorsqu'il sçeut
que les douleurs eurent repris à la Royne,
il m'appela et m'en demanda des nouvelles.

Monsieur du Laurens estoit auprès de luy.
Je suppliay Sa Majesté de ne se point
estonner; que tout réüssiroit à bien; que
véritablement l'enfant venoit les pieds devant, mais qu'il estoit menu ; que la Royne
estoit pleine de courage, et avoit de bonnes
douleurs. Le Roy me dit :

— Sage-femme, je sçay que vous avez la
vie de ma femme et de son enfant plus
chère que la vostre. Faites ce qui sera de
vous. Si vous voyez qu'il y ait du danger,
vous sçavez qu'il y a ici cet homme de
Paris qui accouche les femmes (1). L'on
le tiendra dans le grand cabinet. Je redou-
terois fort, s'il en estoit besoin, que la peur
qu'en auroit ma femme, la mettroit en danger de sa vie; joint qu'il n'y a femme au
monde plus honteuse s'il falloit qu'un
homme l'eut veuë. Allez vers elle.

J'y fus. Aussitost qu'il luy prît une douleur, avec peu d'aide que je luy fis, elle

(1) Le Béarnais fait ici allusion à Honoré, célèbre

accoucha heureusement d'un aussi bel enfant qu'il s'en vit jamais, qui estoit grand et menu. La joye en fut si grande que l'on ne la sçauroit dire. Le Roy se leva gay pour s'en resjouir avec tout le monde.

Jamais Monsieur Honoré n'avoit esté à la Cour ny à Fontaine-bleau, pour les couches de la Royne, que cette fois là, lequel n'entra jamais, ny pendant ny après l'accouchement, dans la chambre de la Royne. Ce fut quelqu'un qui le voulut gratifier, désirant qu'il eut l'honneur et le profit d'estre là pour un besoin. Encore, Monsieur Du Laurens me pria de le trouver bon, pour survenir, s'il arrivoit quelque chose d'estrange, à cause que la Royne estoit beaucoup plus grosse qu'elle n'avoit encore esté. Je luy dis que je ne trouverois jamais rien de mauvais qui peust servir à la Royne, ma maîtresse. Nous avions souvent mangé ensemble dans ma chambre. Je le faisois à

accoucheur, et dont Louise Bourgeois parle elle-même quelques lignes plus loin.

cause que j'estois bien aise que l'on con-
gneust comme quoy nous estions en bonne
intelligence, luy et moy. La Royne accoucha le lundy seiziesme avril mil six cens
sept, à dix heures et demie du soir.

L'Accouchement de la Royne, de Monsieur le Duc d'Anjou (1).

A Royne partit de cette ville vers la fin de mars (2) pour aller faire ses couches à Fontaine-bleau. Elle accoucha le vendredy, vingt-cinquiesme avril mil six cens huict, jour de Saint-Marc Evangeliste, à neuf heures et demie du matin. Le mal la prit le matin, que le Roy estoit allé voir le grand canal qu'il faisoit faire à Fontaine-bleau ; de sorte

(1) Gaston Jean-Baptiste de France, duc d'Orléans, de Chartres, de Valois. Il mourut en 1660. Il épousa : 1º Marie de Bourbon Montpensier; 2º Marguerite de Lorraine, laquelle mourut en 1672.

(2) Année 1608.

que Sa Majesté accoucha que le Roy n'y estoit pas. Le jeune Loménie, qui est à présent
Trésorier de M. (1), en porta la nouvelle
au Roy, qui retourna en grande diligence
voir la Royne et Monsieur. Il les vit avec
un contentement extrême. Il embrassa tant
la Royne de luy avoir fait un si beau fils!
C'estoit un gros et gras enfant, qui avoit
demeuré peu à naistre; de sorte qu'il sembloit, le regardant, qu'il avoit un mois. La
Royne en accoucha dans son lict de travail.
Il est à remarquer qu'il est venu au
monde regardant le Ciel, qui n'est pas une
chose commune : de cent enfans, il n'y en
vient quelquefois pas un, quoique l'on die
que les filles y viennent; chose qui n'est point.
En tous les enfans que j'ay reçeus, je ne
crois pas en avoir reçeu trente. Venant

(1) Henri Auguste de Loménie, comte de Brienne. Il
devint ministre sous Louis XIII, et on lui doit des
Mémoires sur les règnes de Louis XIII et de Louis XIV.
Son père, Antoine de Loménie, duc de Brienne, a
laissé à la bibliothèque royale un recueil de pièces
historiques connu sous le nom de *Fonds de Brienne.*

ainsy, je crus que c'estoit un si bon augure pour luy et pour toute la France, que j'en estois ravie. Et, de fait, toutes les personnes de jugement qui l'ont sçeu, l'ont attribué à tant de bénédictions, de générosités, d'obéys- sance, et contentement pour le Roy et la Royne, qu'il ne se peut dire davantage, à cause que tout ce qui regarde le Ciel n'a rien de terrestre.

Il y eut grand' joye en toute la Cour. Chacun s'entre-embrassait. Il me souvient, entre autres choses, que Madamoiselle de la Renoüillère, première femme de chambre de la Royne, dont j'ay ci-devant parlé, ren- contra un des valets de chambre du Roy, qui la baisa de si bon courage, qu'elle n'a- voit plus qu'une dent pour la décoration de sa bouche, qu'il luy mit dedans. Chacun loüa Dieu et se resjouit. Monsieur d'Ar- gouje, Trésorier de la Royne, me vint embrasser comme je venois de remuer Monsieur. La Royne le sçeut, et me le dit. Je luy dis :

— Il est vray, Madame. Il ne paraissoit non plus à mon col qu'une souris feroit à un quartier de lard.

Les couches de la Royne furent heureuses, où j'eus l'honneur de la servir comme j'avois toujours faict.

Accouchement de la Royne
de Madame
troisiesme fille de France (1)

ADAME, troisiesme fille, naquit à Paris, dans le Louvre, le jeudy, vingt-sixiesme novembre mil six cens neuf, à dix heures et demie du soir. Le mal d'enfant prit la Royne sur les cinq heures du soir. Madame de Guise, la doüairière (2), et Madame la Princesse

(1) Henriette de France, épousa en 1625, le malheureux Charles Ier, roi d'Angleterre.

(2) Catherine de Clèves, veuve de Henri de Lorraine, duc de Guise, dit le Balafré, assassiné au château de Blois, le 23 décembre 1588.

de Conty (1) estoient alors proches de Sa Majesté, lesquelles se vouloient retirer, à cause qu'elles sçavoient comment aux autres couches cela s'estoit passé. La Royne le permit à Madame la Princesse de Conty, à cause qu'elle estoit indisposée. Pour Madame sa Mère, la Royne la retint auprès d'elle.

Il y avoit quelque temps que la Royne avoit fait venir un Tourneur dans son Cabinet, qui faisoit des chappelets du bois de Sainct-François, dont elle en donna aux Princesses et à quelques Dames. Il fallut oster le tour et tout l'équipage du faiseur de chappelets.

La Royne fit ses couches dans son grand cabinet.

Ce fut pendant ces couches là que je représentay à une dame de la Royne la perte que je faisois pendant deux mois que je de-

----

(1) Charlotte-Marguerite de Montmorency, laquelle épousa, le 3 mars 1609, Henri de Bourbon, 2e du nom, prince de Conti. Elle mourut en 1630.

meurois proche de Sa Majesté, pour les
bonnes maisons de cette ville, qui, leur
ayant manqué une fois, ne me redeman-
doient jamais, s'estant servies d'une autre;
& que n'ayant autre chose que mes récompenses, vieillissant, je demeurerois à cette occasion avec peu de practique et de moyens.
Elle me fit tant de grâce que de le faire entendre à la Royne, laquelle pria le Roy de
me donner six cens escus de pension en cette
considération. Le Roy ne m'en voulut donner que trois. Il me dit :

— Je vous donne trois cens escus de pension, que vous aurez tousjours, et tous les
ans ma femme accouchera (1). Si c'est un
fils, vous aurez cinq cens écus de mes cof-
fres, de récompense. Avec vos trois cens
escus de pension, ce sont huict cens
escus que vous aurez, avec ce que vous
y gaignerez avec les Princesses et autres

(1) Le malheureux Vert-Galant ne prévoyait guère
le couteau de Ravaillac, qui devait le frapper moins
de six mois après cette forfanterie...

Dames. Si ma femme ne fait qu'une fille, vous aurez trois cens escus de récompense et trois cens de pension. Il faut faire plus de récompense des fils que des filles.

Dès la naissance du Roy, il ordonna cinq cens escus des fils, et trois des filles. La Royne me donnoit encore quelquefois deux cens escus.

Le Roy me dit :

— Mon fils sera incontinent grand qui vous fera du bien, outre tout cela, et à tous les vostres; vous ne manquerez jamais, ayant si bien servi ma femme.

Je fus donc mise sur l'estat des pensions, ayant eu le brevet du Roy. Ce fut en décembre, et le Roy mourut en may, où je perdis tout à la fois; car depuis je n'ay eu que la pension. Je n'ay pas sujet de me plaindre, car je n'ay rien osé demander (1).

(1) Le Catalogue des Livres de la Bibliothèque du docteur Payen (1873) mentionne, sous le n° 388, un exemplaire des *Observations diverses sur la stérilité*, de Louise Bourgeois. A cet exemplaire, qui a

été vendu 21 francs, était jointe une Lettre sur par-
chemin, signée Henri IV, contenant l'ordre de payer
« à Louise Bourgeois, femme de Martin Boursier,
la somme de cinq cens escus soleil, pour avoir servy
de sage-femme à la Royne. » Voir encore, *Arch. gén.*
E. Carton 102-103.

Chapitre particulier des Naissances et des Baptesmes des Enfans de France, sous le Roy Henry IV, de très-glorieuse mémoire.

MONSEIGNEUR le Dauphin est nay le jeudy, vingt-septiesme septembre, mil six cens un, à dix heures et demie du soir, à Fontaine-bleau, et a esté baptisé le quatorziesme septembre mil six cens six, au dit Fontaine-bleau. Le pape Paul V est son parrain. Monsieur le Cardinal de Joyeuse l'a tenu pour luy. Madame la Duchesse de Mantoue est sa marraine. Elle y estoit en personne.

Madame est née le vendredy, vingt deuxiesme novembre mil six cens deux, à neuf heures et demie du matin, à Fontainebleau, et a esté baptisée le quatorziesme septembre mil six cens six, au dit Fontainebleau. Madame l'Archiduchesse de Flandre est sa marraine. Et a nom Elizabeth. Madame d'Angoulesme l'a tenue en son absence (1).

Madame, la seconde, est née le vendredy

(1) Voici en quels termes Pierre de Lestoile parle de cette naissance :

« Le vendredy 25 de ce mois, la Reine accoucha à Fontainebleau d'une fille. A quoi elle ne s'attendoit pas, pour ce que sœur Ange, qui étoit une dévote que le Pape lui avoit envoyée, & qui lui avoit prédit qu'elle seroit Reine de France, l'avoit affurée du contraire, & qu'elle auroit un fils : tellement qu'elle en pleura fort & ferme, & l'appelant *ragasche,* ne s'en pouvoit contenter. Le Roy, encore qu'il eût bien défiré le contraire autant & plus qu'elle, ne laiffa néanmoins de la consoler & reconforter fort bien, mais

dixiesme de février mil six cens six, à deux
heures après midy, au Louvre, à Paris;
a esté baptisée le quatorziesme septembre mil six cens six, au dit Fontaine-bleau.
Monsieur le duc de Lorraine est son parrain, et Madame la Grande-Duchesse de
Florence est sa marraine. Le sieur Don
Joüan l'a tenue pour elle. Et a nom Chrestienne.

Monseigneur le Duc d'Orléans est nay le
lundi seiziesme avril, mil six cent sept, à
deux heures et demie du soir, à Fontaine-
bleau. Il n'a point eu de nom. Il est mort
le mercredy seiziesme jour de novembre
mil six cens onze, après minuict, et est
dans la cave de l'église Sainct-Denis, près
du corps du Roy son père. Son cœur aux

plaisamment, lui disant que fi elle n'eût été de ce
sexe, elle n'eût jamais été Reine de France; & qu'au
surplus, ils n'avoient point faute de moyens, Dieu
merci, pour la pourvoir, & que beaucoup d'autres
demeureroient là, fi la leur demeuroit (Pierre de
Lestoile). »

Célestins, à Paris ; et ses entrailles devant le grand autel, à Sainct-Germain-en-Laye.

Monseigneur le duc d'Anjou est nay le vendredy vingt-cinqiesme jour d'avril mil six cens huict, jour de Sainct-Marc Evangeliste, à neuf heures et demie du matin, à Fontaine-bleau. Et a esté baptisé le quinziesme jour de juin mil six cens quatorze, en la Chapelle de la Royne, au Louvre. La Royne Marguerite est sa marraine, et Monsieur le Cardinal de Joyeuse est son parrain. Et a nom Gaston-Jean-Baptiste. La Royne Marguerite a donné le nom de Gaston, suivant l'intention du Roy son père ; et Monsieur le Cardinal de Joyeuse, Jean-Baptiste.

Madame, dernière, est née le jeudy vingt sixiesme novembre mil six cens neuf, au Louvre, à Paris, à dix heures et demie du soir ; et a esté baptisée le quinziesme juin

mil six cens quatorze, en la Chapelle de la
Royne, au Louvre. Madame Elizabeth, sa
sœur, est sa marraine ; et Monsieur le Cardinal de la Rochefoucaut est son parrain.
Et a nom Henriette-Marie.

FIN

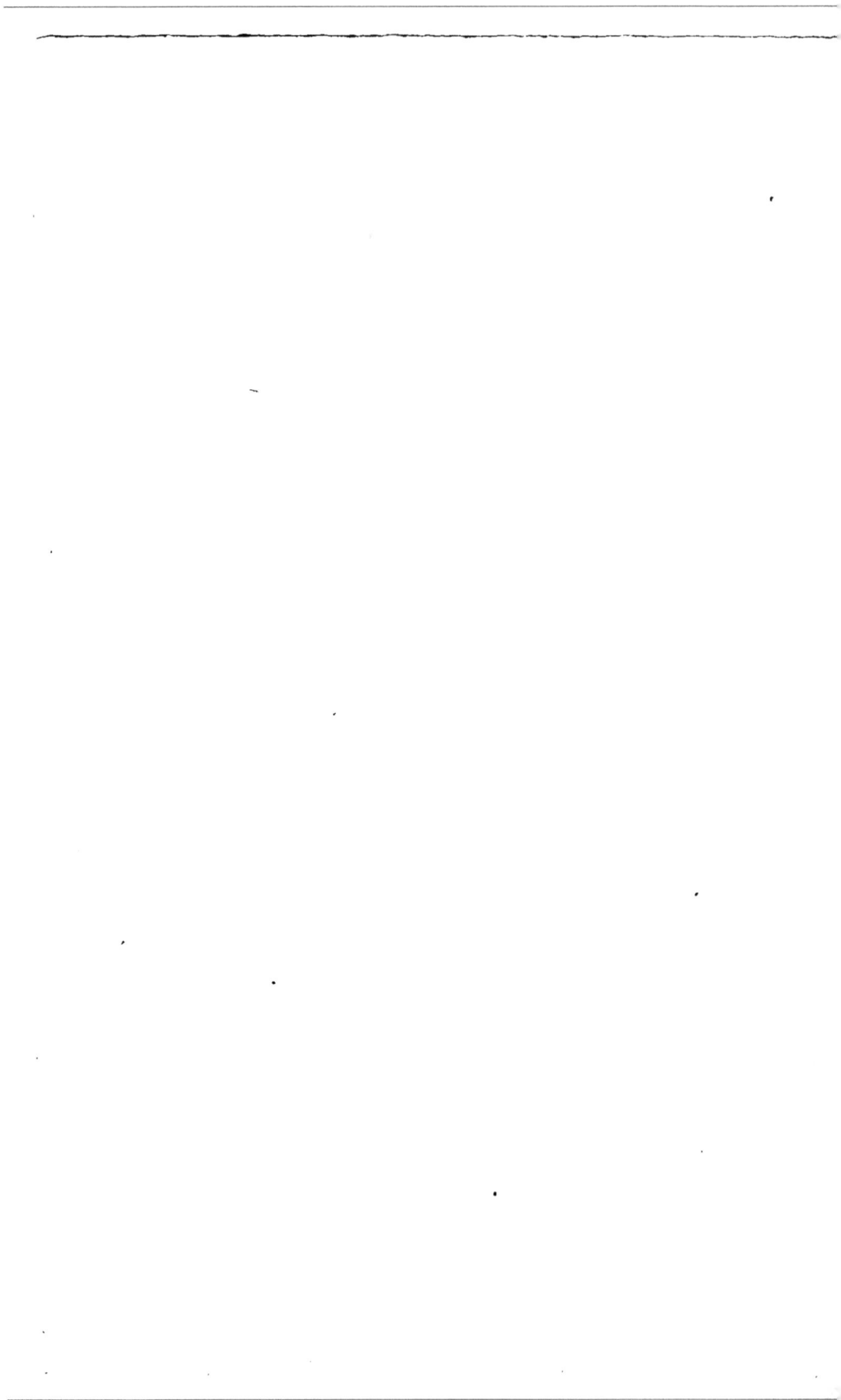

ACHEVÉ D'IMPRIMER

Sur les presses de ALCAN-LÉVY

Typographe à Paris

Le 15 mars 1875

Pour LÉON WILLEM, Libraire

A PARIS.

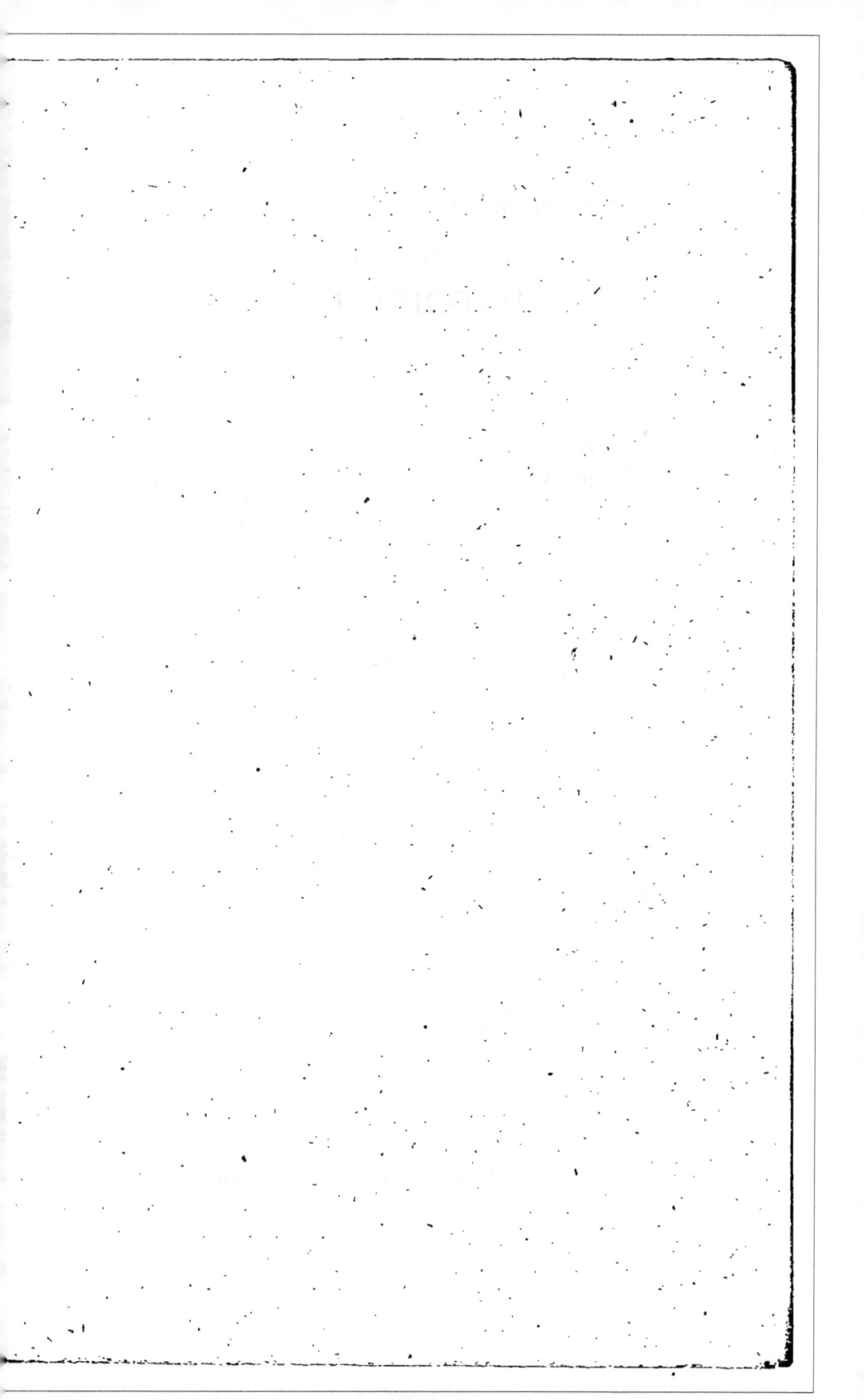

Collection de Documents rares ou inédits

RELATIFS A

L'HISTOIRE DE PARIS

EN VENTE:

ESTAT, NOMS ET NOMBRE de toutes les Rues de Paris en 1636, d'après le manuscrit inédit de la Bibliothèque nationale. Précédés d'une Étude sur la voierie et l'hygiène publique à Paris depuis le XIIIe siècle, par M. Alfred Franklin de la Bibliothèque Mazarine. 1 volume. *(Épuisé.)*

LES ORDONNANCES faictes et publiées à son de trompe par les carrefours de ceste ville de Paris, pour éviter le dangier de Peste. 1531. Précédées d'une Étude sur les Épidémies parisiennes, par M. le Dr Achille Chereau. 1 volume illustré. Papier vergé, 5 fr. Papier de Chine, 10 fr.

LES RUES ET LES CRIS de Paris au XIIIe siècle, publiés par M. Alfred Franklin. Papier vergé, 5 fr. Papier de Chine, 10 fr.

LA DANCE MACABRE et le Charnier des Innocents, reproduction fac-simile de l'édition originale de la dance macabre. Précédée d'une Étude par M. l'abbé Valentin Dufour. 1 volume illustré. Papier vergé, 7 fr. Papier de Chine, 14 fr.

LES AUTEURS DRAMATIQUES et la Comédie-Française à Paris aux XVIIe et XVIIIe siècles. D'après des documents inédits extraits des Archives du Théâtre-Français, par M. Jules Bonnassies. 1 vol. papier vergé, 4 fr. Papier de Chine, 8 fr.

LA FLEUR DES ANTIQUITEZ, singularités et excellences de la noble et triumphante ville et cité de Paris, capitale du royaume de France, par Gilles Corrozet. Publiée par M. Paul Lacroix, de la Bibliothèque de l'Arsenal. 1 volume, papier vergé, 5 fr. Papier de Chine, 10 fr.

LE BAILLIAGE DU PALAIS ROYAL DE PARIS, par M. Ch. Desmaze, conseiller à la Cour d'appel de Paris. 1 vol. papier vergé. 5 fr. Papier de Chine, 10 fr.

LES SIX COUCHES DE MARIE DE MÉDICIS, racontées par Louise Bourgeois, accoucheuse de la reine. Préface et Notes par M. le docteur Chereau. 1 vol. papier vergé, 6 fr. Papier de Chine, 12 fr.

SOUS PRESSE:

LES CONFRÉRIES DE PARIS au XVIIe siècle, publiées par M. l'abbé Valentin Dufour.

LE SIÉGE DE PARIS PAR HENRI IV, publié d'après le manuscrit inédit de 1590, par M. Alfred Franklin.

JOURNAL D'UN BOURGEOIS DE PARIS sous François Ier publié par M. Ludovic Lalanne.

PARIS ET LE LOUVRE au XVe siècle d'après les manuscrits inédits annotés par Sauval. Publiés par M. Paul Lacroix, de la Bibliothèque de l'Arsenal.

Paris. — Imprimerie Alcan-Lévy, 61, rue de Lafayette

www.ingramcontent.com/pod-product-compliance
Lightning Source LLC
Chambersburg PA
CBHW072100080426
42733CB00010B/2171